AMÉRICA LATINA: A PÁTRIA GRANDE

DARCY RIBEIRO

AMÉRICA LATINA: A PÁTRIA GRANDE

DARCY RIBEIRO

Apresentação
André Borges de Mattos

© Fundação Darcy Ribeiro, 2013
3ª Edição, Global Editora, São Paulo 2017
1ª Reimpressão, 2021

Jefferson L. Alves – diretor editorial
Gustavo Henrique Tuna – editor assistente
Flávio Samuel – gerente de produção
Jefferson Campos – assistente de produção
Flavia Baggio – coordenadora editorial
Fernanda Bincoletto – assistente editorial e revisão de texto
Elisa Andrade Buzzo – preparação de texto
Danielle Costa – revisão de texto
Mayara Freitas – projeto gráfico
Mauricio Negro – capa

Obra atualizada conforme o
NOVO ACORDO ORTOGRÁFICO DA LÍNGUA PORTUGUESA.

CIP-BRASIL. CATALOGAÇÃO NA PUBLICAÇÃO
SINDICATO NACIONAL DOS EDITORES DE LIVROS, RJ

R367a

    Ribeiro, Darcy, 1922-1997
        América Latina: a pátria grande/Darcy Ribeiro. – 3. ed. – São Paulo: Global, 2017.

    ISBN 978-85-260-2309-3

    1. Ciências sociais. 2. América Latina – Civilização. I. Título.

16-35514   CDD: 320
                                                          CDU: 32

Direitos Reservados

global editora e distribuidora ltda.
Rua Pirapitingui, 111 — Liberdade
CEP 01508-020 — São Paulo — SP
Tel.: (11) 3277-7999
e-mail: global@globaleditora.com.br

 globaleditora.com.br   /globaleditora
 blog.globaleditora.com.br   /globaleditora
 /globaleditora   /globaleditora
 /globaleditora

 Colabore com a produção científica e cultural.
Proibida a reprodução total ou parcial desta obra sem a autorização do editor.

Nº de Catálogo: **3687**

SUMÁRIO

Darcy Ribeiro e a utopia latino-americana – *André Borges de Mattos*.....................9

A AMÉRICA LATINA EXISTE?

Semelhanças e diferenças 18

Uniformidade sem unidade 21

Antagonismo essencial 24

TIPOLOGIA POLÍTICA LATINO-AMERICANA

Confusão e perplexidade..30

O cenário e os protagonistas...34

Lideranças elitistas...36

Elites autoritárias...39

As antielites...41

Vanguardismo revolucionário..46

Perspectivas futuras..48

A NAÇÃO LATINO-AMERICANA

A utopia era aqui...57

As armas da conquista...60

Indianidades..62

Os neoamericanos...64

Vicissitudes antiutópicas 66

CIVILIZAÇÃO E DESENVOLVIMENTO

Perplexidades bolivianas 75

A façanha europeia..78

Teorias do atraso e do progresso 79

Consciência alienada..82

Eurocentrismos..84

Abra os olhos, leitor..86

a civilização emergente

Civilização: civilizações 95

Rebeliões étnicas 97

Uniformidade e singularidade 99

Civilização como avassalamento 101

Configurações histórico-culturais 105

Conflitos interétnicos 108

Desempenhos civilizatórios 110

Desafios cruciais 112

Revoluções culturais 115

Irracionalidade econômica 120

Vida e obra de Darcy Ribeiro 123

DARCY RIBEIRO E A UTOPIA LATINO-AMERICANA

A América Latina unificada e independente surgiu como um sonho. Um ideal erigido em guerra por líderes visionários como Simon Bolívar, José de San Martín e José Artigas, precursores da "pátria grande", expressão que tão bem representa a utopia de pensadores, militantes e políticos irmanados pelo desejo de ver os países latino-americanos unidos na luta contra o atraso e o subdesenvolvimento. Darcy Ribeiro é um intelectual desta cepa, com ela se identifica. Brilhante, aguerrido, com gosto para polêmica, dono de uma personalidade iracunda, como gostava de dizer, também ele tomou para si a causa da América Latina. E, como de costume, quando o fez, foi com tamanho afã que cedo se transformou em um de seus mais respeitáveis expoentes.

Darcy sempre foi homem de ideias e de causas. Nos idos dos anos de 1940 fez-se antropólogo, conhecedor do Brasil profundo, e logo colocou sua antropologia a favor dos grupos indígenas brasileiros, tantos e tão maltratados que corriam o risco de desaparecer. Na década seguinte, ao lado de Anísio Teixeira, aderiu à luta pela educação para tornar-se então político, dos mais importantes, e assumir definitivamente a causa do Brasil.

Mas foi como exilado que Darcy descobriu a América Latina. Uma vez proscrito, transformou-a em lar, em pátria e em problema. E foi transformado por ela. O exílio mudou o seu pensamento porque lhe permitiu uma visão distanciada, e por isso mais abrangente, dos dilemas do Brasil, uma preocupação antiga. No entanto, também descortinou um novo mundo, incandescido pelos acontecimentos políticos que tanto marcaram as nações latino-americanas entre os anos de 1960 e 1970. Alguns por ele acompanhados de perto. Esse universo de efervescência, somado às experiências anteriores, só fez crescer a já afamada inquietação intelectual de Darcy, que de pronto agarrou-se à ambiciosa tarefa de explicar os descaminhos da América Latina.

As reflexões contidas neste belo livro, *América Latina: a Pátria Grande*, repercutem aquela experiência, tão dolorosa e tão profícua. Os cinco artigos aqui reunidos foram produzidos em 1976, ocasião do retorno definitivo de Darcy Ribeiro ao Brasil, e nos anos posteriores. Por isso o leitor poderá perceber, em diferentes passagens sobre fatos mais recentes, o tom de quem escreve sobre o que bem conheceu. Mas o livro, cuja primeira edição é de 1986, é muito mais do que isso. Originalmente independentes e previamente publicados em momentos distintos, os textos foram organizados de maneira a permitir uma visão de conjunto do pensamento e da posição política de Darcy Ribeiro. Duas coisas, aliás, indissociáveis. Trata-se, é verdade, de reflexões que ecoam, retomam e complementam questões fartamente analisadas em sua obra maior, os *Estudos de Antropologia da Civilização*, concebida quase toda durante o exílio, que, não por acaso, esquadrinha o devir histórico das nações americanas, sobretudo no livro *O dilema da América Latina*. Porém, neste *América Latina: A Pátria Grande*, a proposta é diferente. Aqui, o leitor perceberá a maturidade e a plenitude do pensamento de Darcy Ribeiro em momentos de raro poder de concisão, força intelectual e profundidade analítica.

Os textos são objetivos, escritos em linguagem direta, no bom estilo ensaístico de grandes pensadores brasileiros do passado, dos quais Darcy foi leitor assíduo e de cujo estilo tornou-se de certa forma herdeiro. Eles possuem, portanto, a qualidade incomum de serem simultaneamente agradáveis à leitura e densos na argumentação. O tema fundamental, que surge como pergunta de abertura no título do primeiro ensaio, é: "A América Latina existe?". Desse interesse pelo ser – e em seguida pelo vir a ser – do continente, resulta a preocupação com a história, chave-mestra do pensamento de Darcy Ribeiro. Principalmente a história do processo de colonização ibérica que nos plasmou como povos homogêneos – embora ainda não unitários, do ponto de vista da autonomia política –, suplantando as diferenças oriundas de nossos substratos étnicos ou de divergências nos projetos de dominação de Portugal e Espanha. É como um "produto de um mesmo processo civilizatório",[1] diz Darcy, que nos tornamos uniformizados porque igualmente subjugados e dependentes, fonte de enriquecimento das metrópoles colonizadoras e, por isso, até então, inaptos para um projeto autônomo de desenvolvimento.

Muito já se discutiu sobre o quanto Darcy Ribeiro foi influenciado pela antropologia norte-americana, em especial por sua vertente neoevolucionista, difundida em meados do século XX, para construir seu ambicioso projeto de análise do desenvolvimento histórico das civilizações americanas. Embora controversa, devido à pouca repercussão do neoevolucionismo na antropologia bra-

---

1. RIBEIRO, Darcy. *América Latina*: a Pátria Grande. 3. ed. São Paulo: Global, 2016. p 25.

sileira, sua escolha teórica foi original e acertada, tendo em vista a necessidade de uma perspectiva histórica englobante. Merecem destaque, nesse sentido, os conceitos básicos de "revoluções tecnológicas" e "processos civilizatórios", mencionados já no primeiro artigo, e de "configurações histórico-culturais", retomado no quarto e no quinto. No entanto, vale assinalar, suas reflexões coadunam-se antes com a grande tradição do pensamento social que, como se vê na bela análise feita no terceiro ensaio, intitulado "A Nação Latino-Americana", busca no passado colonial os impasses e as contradições do presente e que compreende a América Latina como o resultado de um sistema de relações subordinadas a interesses econômicos e políticos internacionais de altíssimo custo, particularmente para as populações autóctones.

Mas não há na narrativa de Darcy o sentido de fatalismo histórico ou vitimização. Pelo menos não ao ponto de nos eximir, como nativos, de qualquer responsabilidade, como ocorre nas justificativas fáceis de nossa estagnação secular. Porque se estamos perdendo o bonde da história, isso se deve antes ao caráter claudicante das elites latino-americanas. Não por outro motivo, como é comum em diferentes estudos do pensamento social clássico, são elas, as elites, aqui e alhures, o alvo privilegiado da verve de Darcy Ribeiro. Autocráticas, presas ao antigo modelo de mando patriarcal, cegas para a dura realidade das massas, essas classes abastadas, sentindo-se mais próximas do mundo europeu ou norte-americano, atuam como prepostos dos centros estrangeiros para, em contrapartida, garantir seus privilégios. Presas a um projeto classista que só traz benefícios a elas mesmas, tornam-se, pois, avessas ao desenvolvimento e verdadeiros agentes da estagnação. Nada mais atual. Daí a importância, ontem e hoje, das lideranças contrárias ao projeto oligárquico, como a "antielitista" e as "vanguardas revolucionárias", tão bem delineadas na tipologia apresentada pelo autor no segundo ensaio. Todas elas oriundas de movimentos mais comprometidos com os anseios populares e com o progresso, nas quais, malgrado as suas diferenças e enorme heterogeneidade, bem se pode situá-lo.

Darcy Ribeiro foi também intelectual afeito à ação e ao convencimento. Seus escritos, longe de possuírem a marca de uma erudição vazia – que ele repudiava com veemência –, são a mais pura expressão de uma obstinada tentativa de influenciar o rumo dos acontecimentos. Mas isso não seria possível sem um paralelo otimismo advindo da certeza de que, apesar dos desvarios, a América Latina é latência, pois carrega todos os elementos para fazer surgir uma nova civilização, desde que liberta da alienação que lhe foi imposta. Uma civilização, aliás, como o leitor perceberá no último ensaio, que já estaria sendo gestada como parte de um movimento mais amplo rumo à "civilização emergente", a ser protagonizado por povos e grupos com feições étnicas que agora tomam consciência de si e reivindicam, como sujeitos autônomos, um novo lugar na história. E, assim fazendo, invertem o fluxo dos padrões centralizadores da hegemonia europeia e "anunciam a civilização policêntrica".[2] Mas gestada também por movimentos sociais contestadores da ordem e por "revoluções culturais de potencial tão tremendo que seguramente darão nascimento a uma nova civilização".[3]

Na bela apresentação de *O processo civilizatório*, primeiro livro da série de *Estudos de Antropologia da Civilização*, publicado no final dos anos de 1960, Anísio Teixeira afirmou: "Considero Darcy Ribeiro a inteligência do Terceiro Mundo mais autônoma de que tenho conhecimento. Nunca lhe senti nada da clássica subordinação mental do subdesenvolvimento".[4] Décadas depois, sempre que revisito os textos de Darcy, continuo certo da atualidade dessas palavras.

Como intelectual, autor ou político, ele pode não ter acertado em tudo. Afinal, quem conseguiu? Por isso, como seus leitores, devemos manter o senso crítico apurado, principalmente ao considerarmos as aceleradas mudanças ocorridas no mundo desde a escrita dos textos aqui reunidos. Mas, concordando ou não com suas ideias, o que não podemos é sair ilesos da leitura deste livro, no qual encontraremos Darcy Ribeiro, talvez mais do que em todos os outros escritos seus, livremente alinhado aos ideais utópicos daqueles tantos que sonharam – ou ainda sonham – com a Pátria Grande. Enfim, leitura obrigatória para todos os interessados no destino do Brasil e da América Latina.

André Borges de Mattos
Doutor em Ciências Sociais pela Unicamp e professor da Universidade Federal dos Vales do Jequitinhonha e Mucuri (UFVJM). Possui pesquisas e trabalhos publicados na área de história da antropologia, pensamento social, entre outras, e é autor da tese intitulada *Darcy Ribeiro: uma trajetória* (1944-1982).

---

2. Ibidem, p. 105.
3. Ibidem, p. 115.
4. TEIXEIRA, Anísio. Texto de apresentação. In: RIBEIRO, Darcy. *O processo civilizatório*: etapas da evolução sócio-cultural. São Paulo: Círculo do Livro S.A., s.d.

AMÉRICA LATINA: A PÁTRIA GRANDE

a américa latina existe?*

---

* Texto revisto de um ensaio publicado originalmente no México (1976), reeditado, depois, em São Paulo (1979), e no livro *Ensaios insólitos*.

Existe uma América Latina? Não há dúvida que sim. Mas é sempre bom aprofundar o significado desta existência.

No plano geográfico é notória a unidade da América Latina como fruto de sua continuidade continental. A esta base física, porém, não corresponde uma estrutura sociopolítica unificada e nem mesmo uma coexistência ativa e interatuante. Toda a vastidão continental se rompe em nacionalidades singulares, algumas delas bem pouco viáveis como quadro dentro do qual um povo possa realizar suas potencialidades. Efetivamente, a unidade geográfica jamais funcionou aqui como fator de unificação porque as distintas implantações coloniais das quais nasceram as sociedades latino-americanas coexistiram sem conviver, ao longo dos séculos. Cada uma delas se relacionava diretamente com a metrópole colonial. Ainda hoje, nós, latino-americanos, vivemos como se fôssemos um arquipélago de ilhas que se comunicam por mar e pelo ar e que, com mais frequência, voltam-se para fora, para os grandes centros econômicos mundiais, do que para dentro. As próprias fronteiras latino-americanas, correndo ao longo da cordilheira desértica, ou da selva impenetrável, isolam mais do que comunicam e raramente possibilitam uma convivência intensa.

No plano linguístico-cultural, nós, os latino-americanos, constituímos uma categoria tanto ou tão pouco homogênea como o mundo neobritânico dos povos que falam predominantemente o inglês. Isto pode parecer insuficiente para os que falam da América Latina como uma entidade concreta, uniforme e atuante, esquecendo-se de que dentro dessa categoria estão incluídos, entre outros, os brasileiros, os mexicanos, os haitianos e a intrusão francesa do Canadá, devido a sua uniformidade essencialmente linguística de neolatinos. Ou seja: povos tão diferenciados uns dos outros, como os norte-americanos o são dos australianos e do "africâner", por exemplo. A simples enumeração mostra a amplitude das duas categorias e sua escassa utilidade classificatória.

Reduzindo a escala de latinos para ibéricos, encontramos uma unidade um pouco mais uniforme. Na verdade, bem pouco mais homogênea, porque apenas excluiria os descendentes da colonização francesa. Continuariam, dentro dessa categoria, os brasileiros, os argentinos, os cubanos, os porto-riquenhos, os chilenos etc. Do ponto de vista de cada uma destas nacionalidades, sua própria substância nacional tem muito mais singularidade e vigor do que o denominador comum que as faz ibero-americanas.

Se reduzirmos ainda mais a escala, poderemos distinguir duas categorias contrastantes. Um conteúdo luso-americano concentrado todo no Brasil e um conteúdo hispano-americano que congrega o restante. As diferenças entre uns e outros são pelo menos tão relevantes como as que distinguem Portugal da Espanha. Como se vê, pouco significativa, porque fundada numa pequena variação linguística que não chega a ser obstáculo para a comunicação, ainda que tendamos a exagerá-la com base numa longa história comum, interatuante, mas muitas vezes conflitante.

SEMELHANÇAS E DIFERENÇAS

Voltando a olhar o conjunto da América Latina, observam-se certas presenças e ausências que colorem e diversificam o quadro. Por exemplo, a presença indígena é notória na Guatemala e no Altiplano Andino, onde é majoritária, e no México, onde os índios se contam aos milhões e predominam em certas regiões. Nestes casos, é tão grande a massa de sobreviventes da população indígena original que se integrou às sociedades nacionais com um campesinato etnicamente diferenciado, que seu destino é se reconstruírem, amanhã, como povos autônomos. Isso significa que países como a Guatemala, a Bolívia, o Peru e o Equador e áreas extensas de outros como o México e a Colômbia estarão sujeitos, nos próximos anos, a profundas convulsões sociais de caráter étnico que redefinirão aqueles quadros nacionais ou os reestruturarão como federações de povos autônomos.

Totalmente distinta é a situação dos demais países onde só se encontram microetnias tribais, mergulhadas em vastas sociedades nacionais etnicamente homogêneas. Nestes casos, uma presença indígena visível, seja na língua como o guarani do Paraguai – seja, sobretudo, no fenótipo da maioria da população, como ocorre no Brasil, no Chile, na Venezuela –, deve ser levada em conta. Mas não justificaria incorporá-los numa categoria à parte de indo-americanos como já se sugeriu. É improvável que por esta linha se chegue a alcançar uma tipologia explicativa. Todos estes povos têm no aborígine uma de suas matrizes genéticas e culturais, mas sua contribuição foi de tal forma absorvida que qualquer que seja o destino das populações indígenas sobreviventes, não se alterará muito sua configuração étnica. Em outras palavras: a miscigenação, absorção e europeização dos antigos grupos indígenas no seio da população nacional estão completas ou em marcha e tendem a homogeneizar – embora não a fundir – todas as matrizes étnicas, convertendo-as em modos diferenciados de participação na mesma etnia nacional. Isto não significa que os índios que sobreviveram como tribos nestes países venham a desaparecer. Ao contrário, apesar de cada vez mais aculturados, eles sobreviverão diferenciados e serão cada vez mais numerosos.

Outro componente que diferencia o quadro, emprestando-lhe aspectos particulares, é a presença do negro africano, que se concentra de forma maciça na costa brasileira de mais antiga colonização e nas áreas de mineração e também nas Antilhas, onde floresceu a plantação açucareira. Fora dessas regiões, encontram-se diversos bolsões negros na Venezuela, Colômbia, Guianas, Peru, e em algumas áreas da América Central. Também neste caso, a absorção e assimilação chegaram a tal ponto que se americanizou esse contingente da mesma forma que os demais, ou talvez de uma forma mais completa que qualquer outro. É certo que reminiscências africanas no folclore, na música e na religião são palpáveis nas áreas onde a afluência negra foi maior. Mas sua persistência se explica, principalmente, pelas condições de marginalização dessas populações, que em nenhum caso constituem blocos étnicos inassimiláveis e aspirantes à autonomia.

Outras intrusões, não europeias, como a dos japoneses no Brasil, dos chineses no Peru, dos indianos nas Antilhas, igualmente diferenciam algumas áreas, emprestando um sabor especial à sua cozinha e afirmando-se em algumas outras esferas. O assinalável nestes casos – como ocorre também com os negros – é que estamos em presença de contingentes que trazem em si uma marca racial distintiva com relação ao resto da população. Este fato tem, obviamente, consequências. Principalmente a de não facilitar o reconhecimento de uma assimilação já completa ou que só não se completa devido à persistência de marcas raciais que permitem seguir tratando como afro, nisei, chinês ou indiano pessoas que só são tais em seu fenótipo, dadas sua aculturação plena e sua completa integração no quadro étnico nacional.

Os antropólogos, particularmente interessados nas singularidades destas populações, produziram uma vasta literatura que ressalta, talvez de forma excessiva, as diferenças. Realmente, é possível elaborar longas listas de sobrevivências culturais que permitem vincular esses núcleos às suas matrizes de origem. O certo, porém, é que, aqui também, as semelhanças são mais significativas que as diferenças, já que todos esses contingentes estão plenamente "americanizados". Nos planos linguístico e cultural são gente de seu país e até "nossa gente" na identificação emocional corrente das populações com que convivem. Suas peculiaridades, tendentes talvez a esmaecer, apenas os fazem membros diferenciáveis da comunidade nacional em razão de sua remota origem.

O mesmo ocorre com os componentes de contingentes europeus não ibéricos chegados em época mais recente. Cada um deles representa uma forma especial de participação, nem superior nem inferior, no ser nacional, que permite defini-los, restritivamente, como, por exemplo, anglo-uruguaios, ítalo-argentinos, teuto-chilenos ou franco-brasileiros. É de assinalar, porém, que todos eles gozam de uma posição social mais alta, alcançada em razão de eventuais vantagens culturais e econômicas, mas principalmente de uma maior aceitação social que os privilegia em sociedades dominadas pelos brancos.

Muito embora acima de todos os fatores de diversificação sobressaiam os de uniformidade, certas diferenças visíveis alcançam, frequentemente, um sentido social discriminatório. É o caso, por exemplo, do paralelismo entre cor da pele e pobreza, que dá lugar a uma estratificação social de aparência racial. Assim, os contingentes negros e indígenas que tiveram de enfrentar enormes obstáculos para ascender da condição de escravos à de proletários concentraram-se principalmente nas camadas mais pobres da população. Além da pobreza oriunda da superexploração de que foram e são vítimas, pesa sobre eles muita discriminação, inclusive a proveniente da expectativa generalizada de que continuem ocupando posições subalternas, as quais dificultam sua ascensão a postos mais altos da escala social. Aparentemente, o fator causal encontra-se na origem racial e na presença de sua marca estigmatória, quando de fato só se explica pelas vicissitudes do processo histórico que os situou na posição de vítimas. Eles são a contraparte desprivilegiada dos euro-americanos. Embora constituindo o grosso da força de trabalho – ou por isso mesmo, enquanto descendentes de escravos –, eles são tratados com superioridade e descaso. Assim é que a cor da pele, ou certos traços raciais típicos do negro e do indígena, operando como indicadores de uma condição inferior, continuam sendo um ponto de referência para os preconceitos que pesam sobre eles.

Embora presente na América Latina e frequentemente de forma muito acentuada, o preconceito racial não assume aqui o caráter discriminatório e isolacionista que se observa, por exemplo, nos Estados Unidos. Ali, a discriminação recai sobre os descendentes de africanos ou indígenas, qualquer que seja a intensidade da marca racial que carreguem, tendendo a excluí-los do corpo social por se considerar indesejável a mescla com eles. Na América Latina, o preconceito racial é predominantemente de marca, e não de origem. Ou seja: recai sobre uma pessoa na proporção de seus traços racialmente diferenciadores e implicitamente incentiva a miscigenação, porque aspira "branquear" toda a população. Trata-se, sem dúvida, de um preconceito racial, porque a sociedade só admite os negros ou indígenas como futuros mestiços, rechaçando seu tipo racial como ideal do humano. Mas se trata de um preconceito especial que discrimina o fenótipo negro e o indígena por não estar ainda diluído na população majoritariamente mestiça, cujo ideal de relações interraciais é a fusão.

UNIFORMIDADE SEM UNIDADE

Por cima das linhas cruzadas de tantos fatores de diferenciação – a origem do colonizador, a presença ou ausência e o peso do contingente indígena e africano e de outros componentes –, o que sobressai no mundo latino-americano é a unidade do produto resultante da expansão ibérica sobre a América e o seu bem-sucedido processo de homogeneização. Com todos esses contingentes – presentes em maior ou menor proporção em uma ou outra região –, edificaram-se sociedades étnico-nacionais cujas populações são produto do cruzamento e querem continuar fundindo-se. Excetuando os indigenatos originários de altas civilizações ou microetnias tribais que sobreviveram isoladas, em nenhum caso encontramos os índios originais; nem os europeus ou asiáticos ou africanos tal como eram quando se desprenderam de suas matrizes. Seus descendentes são neoamericanos cuja visão do mundo, modos de vida e aspirações – essencialmente idênticos – fazem deles um dos ramos mais floridos do gênero humano. Amalgamando gente procedente de todos os quadrantes da Terra, criaram-se aqui povos mestiços que guardam em seus rostos étnico-culturais heranças tomadas de todas as matrizes da humanidade. Estas heranças, difundindo-se em vez de se concentrarem em quistos étnicos, se impuseram à matriz básica – principalmente ibérica, em alguns países, principalmente indígena ou africana em outros – matizando o painel latino-americano sem quebrá-lo em componentes opostos uns aos outros. O que se destaca como explicativo é, pois, uma vez mais, a uniformidade e o processo de homogeneização que engloba mais de 90% dos latino-americanos.

Essa mesma homogeneização em curso é notória em certos planos, como o linguístico e o cultural. Com efeito, as línguas faladas na América Latina, e os respectivos complexos culturais, são muito mais homogêneos que os existentes nas respectivas nações colonizadoras, e talvez mais do que os de qualquer outra área do mundo, exceto a neobritânica. De fato, o castelhano e o português falados nas Américas experimentaram menor número de variações regionais que nas nações de origem. O castelhano, falado por centenas de milhares de pessoas na América Latina, apesar de cobrir uma extensíssima área, só varia regionalmente quanto ao sotaque, uma vez que sequer derivou em algum dialeto, enquanto na Espanha continuam sendo faladas várias línguas mutuamente ininteligíveis. O mesmo ocorre em relação à língua portuguesa e à inglesa. Ou seja: os espanhóis, portugueses e ingleses, que jamais conseguiram assimilar os bolsões linguístico-dialetais de seus reduzidos territórios, ao mudarem-se para as Américas impuseram às suas colônias, imensamente maiores, uma uniformidade linguística quase absoluta e uma homogeneidade cultural igualmente notável.

Voltamos, assim, à uniformidade inicial. Pouco importa que ela não seja percebida com clareza em cada entidade nacional, inclusive porque cada nacionalidade é um esforço por ressaltar singularidades como mecanismo de autoglorificação e autoafirmação, que só têm sentido para aqueles que participam das mesmas lealdades étnicas. O certo é que nossa latino-americanidade, tão evidente para os que nos olham de fora e veem nossa identidade macroétnica essencial, só ainda não faz de nós um ente político autônomo, uma nação ou uma federação de estados nacionais latino-americanos. Mas não é impossível que a história venha a fazê-lo. A meta de Bolívar era opor aos estados unidos setentrionais os estados unidos meridionais. A Pátria Grande de Artigas, a *Nuestra América* de Martí apontam no mesmo rumo.

A que se deve esse poder unificador? O que explica a resistência à assimilação de ilhas linguístico-culturais, como o país basco, o galego e o catalão ou ainda de regiões dialetais como as portuguesas, em comparação com a flexibilidade de contingentes tão diferenciados como os que formaram os povos ibero-americanos?

A explicação está, talvez, nas características distintivas do próprio processo de formação dos nossos povos, que são sua intencionalidade, sua prosperidade e sua violência. Aqui, a metrópole colonialista teve um projeto explícito e metas muito claras, atuando da forma mais despótica. Conseguiu, quase de imediato, subjugar a sociedade preexistente, paralisar a cultura original e converter a população em uma força de trabalho submissa.

Contribuiu também para a homogeneização a própria prosperidade do empreendimento colonial, seja na etapa do saque de riquezas secularmente acumuladas, seja nas variadas formas posteriores de apropriação da produção mercantil. Tanta riqueza permitiu montar uma vasta burocracia militar, governamental e eclesiástica, que passou a reger a vida social em cada detalhe. As empresas produtivas se implantaram segundo planos precisos. As cidades surgiram plantadas por atos de vontade, com ruas traçadas segundo um padrão preestabelecido e com edificações também moduladas de acordo com traços prescritos. As próprias categorias étnico-sociais que se vão formando têm também toda a sua vida regulamentada: estabelece-se a que empregos poderiam aspirar, que roupas e até que tipo de joias poderiam exibir e com quem poderiam se casar. Toda esta ordenação artificial, intencional, teve em mira um objetivo supremo: defender e fazer prosperar a colônia para usufruto da metrópole. E um objetivo secundário, embora apresentado como o fundamental: criar um filhote da sociedade metropolitana, mais leal que ela à ideologia católico-missionária.

As classes dominantes nativas, como gerentes daquele pacto colonial e desta reprodução cultural, jamais formaram o cume de uma sociedade autônoma. Eram apenas um estrato gerencial que custodiava e legitimava a colonização. Uma vez independentizadas suas sociedades, o caráter exógeno dessas classes dominantes, forjado no período colonial, e seus próprios interesses induziram-nas a continuar regendo suas nações como cônsules de outras metrópoles. Para isso instituíram uma ordenação socioeconômica e política adequada, com fundamento no latifúndio e no entreguismo, e promoveram a criatividade cultural como uma representação local de tradições culturais alheias.

A intencionalidade do processo levou, por um lado, a uma busca de racionalidade enquanto esforço por obter efeitos previstos através de ações eficazes; e, por outro lado, à determinação de alcançar os desígnios dos colonizadores na forma de um projeto intencional alheio às aspirações da massa da população conscrita como força de trabalho. Em nenhum momento, no curso do processo de colonização, estes contingentes envolvidos na produção constituem uma comunidade que exista para si, um povo com aspirações próprias que possa realizar como requisitos elementares de sua sobrevivência e prosperidade. Constituem, de fato, um combustível humano em forma de energia muscular, destinado a ser consumido para gerar lucros.

Pouco a pouco vai surgindo uma contradição irredutível entre o projeto do colonizador e seus sucessores e os interesses da comunidade humana resultante da colonização. Ou seja: entre os propósitos e os procedimentos da classe dominante, subordinada, e a maioria da população que ativava o empreendimento, primeiro colonial, depois nacional. Para essa população o desafio colocado ao longo dos séculos foi o de amadurecer como um povo para si, consciente de seus interesses, aspirante à coparticipação no comando de seu próprio destino. Dada a oposição classista, tratava-se de conquistar estas metas através da luta contra a classe dominante gerencial da velha ordenação social. Ainda hoje este é o desafio principal com que nos defrontamos todos nós latino-americanos.

ANTAGONISMO ESSENCIAL

A expressão América Latina alcança conotações altamente significativas na oposição entre anglo-americanos e latino-americanos, que, além de seus diversos conteúdos culturais, contrastam mais fortemente ainda quanto aos antagonismos socioeconômicos. Aqui, os dois componentes se alternam, como a

América pobre e a América rica, com posições e relações assimétricas de poderio em um polo e dependência no outro. Pode-se dizer que, de certa forma, é principalmente como o outro lado da América rica que os latino-americanos melhor se reúnem debaixo de uma mesma denominação.

Outra conotação bipolar origina-se na visão de outros povos com respeito à América Latina, que unifica e confunde nossos países como variantes de um mesmo padrão de povos, resultantes todos da colonização ibérica e vistos todos como atrasados e subdesenvolvidos. Esta visão arquitetônica externa, apesar de construída com as vantagens e os inconvenientes da distância e da simplificação, talvez seja a mais verdadeira. Por que insistimos que somos brasileiros e não argentinos, que nossa capital é Brasília e não Buenos Aires? Ou que somos chilenos e não venezuelanos, ou que nossos ancestrais indígenas são os incas, porque os astecas são dos mexicanos? O observador distante poderia argumentar: por acaso todos vocês não são os descendentes da matriz indígena? Os resultantes da colonização ibérica? Não se emanciparam todos no curso de um mesmo movimento de descolonização? Ou não são os que, depois de independentes, hipotecaram seus países, sem distinção, aos banqueiros ingleses? Vocês se reconhecem ou não como os que foram e estão sendo recolonizados pelas corporações norte-americanas?

Por sobre todos estes fatores de diversificação e de unificação, o motor de integração que operou e ainda opera na América Latina, forjando sua uniformidade cultural e prometendo concretizar amanhã sua unidade sociopolítica e econômica, reside no fato de sermos o produto de um mesmo processo civilizatório – a expansão ibérica – que aqui implantou seus rebentos com prodigiosa capacidade de crescer e se multiplicar.

Frente a esta unidade essencial do processo civilizatório e de seus agentes históricos – os ibéricos –, as outras matrizes aparecem como fatores de diferenciação. Os grupos indígenas – variados como eram em suas pautas culturais e em seus graus de desenvolvimento – só teriam contribuído para a diversificação se houvessem sido o fator preponderante. Os núcleos africanos, por sua vez, originando-se de uma infinidade de povos, também teriam criado múltiplos rostos no Novo Mundo se houvessem imposto seus elementos culturais de forma dominante.

A unidade essencial da América Latina decorre, como se vê, do progresso civilizatório que nos plasmou no curso da Revolução Mercantil – especificamente, a expansão mercantil ibérica –, gerando uma dinâmica que conduziu à formação de um conjunto de povos, não só singular frente ao mundo, mas também crescentemente homogêneo. Mesmo quando sobreveio um novo processo civilizatório, impulsionado, desta vez, pela Revolução Industrial, e a América Latina se emancipou da regência ibérica – e no mesmo impulso se fragmentou em múltiplas unidades nacionais –, aquela unidade macroétnica se manteve e se acentuou. O processo civilizatório que opera nos nossos dias, movido agora por uma nova revolução tecnológica – a termonuclear –, por mais que afete os povos latino-americanos, só poderá reforçar sua identidade étnica como um dos rostos pelo qual se expressará a nova civilização. É até muito provável que engendre a entidade política supranacional que, no futuro, será o quadro dentro do qual os latino-americanos viverão o seu destino. Dentro deste quadro se destacarão mais visíveis e afirmativas do que hoje algumas nacionalidades indígenas (quíchua, aimará, maia, mapuche etc.) atualmente oprimidas. Mas o cenário macroétnico dentro do qual todos os povos do subcontinente coexistirão terá uma feição ibero-americana.

TIPOLOGIA POLÍTICA LATINO-AMERICANA*

---

* Publicado originalmente em *Nueva Política* (nov. 1976), do México; incluído depois num livro em Lisboa (1976) e reeditado em *Contexto* (nº 2, 1977), de São Paulo.

Propus uma vez uma tipologia ideal dos regimes e das formas de militância política da América Latina.[1] Ela não é satisfatória, bem sei. Mas é, provavelmente, melhor do que as classificações inexplícitas que se encontram tanto nos textos de ciência política como na linguagem corrente. Uns e outros empregam os termos *democracia, fascismo, revolução, radical, liberal* e muitos outros, das formas mais contraditórias e desencontradas. Quase tão desencontradas como as autodesignações dos partidos políticos e dos regimes da América Latina, que jamais poderiam ser entendidos, no que são, pelos nomes que se dão. Volto agora ao tema num rápido reexame, deliberadamente provocativo, porque desejaria suscitar um debate sobre a forma, o conteúdo e a eficácia dos regimes e dos tipos de ação política que se observam entre nós.

A tarefa envolve grandes dificuldades, a começar pelo fato de que só busca classificar alguma coisa quem supõe que ela existe num limitado número de variáveis, mutuamente exclusivas, e que cada uma delas se deixa reconhecer por atributos distintivos. É muito duvidoso que isto ocorra em matéria política. Neste campo, não se pode pretender mais que definir alguns paradigmas dos quais se aproxime, em maior ou menor grau, cada uma das formas reais de conduta política. O problema se complica, no nosso caso, porque não pretendemos apenas acrescentar um discurso a mais ao debate dos politicólogos. Nosso propósito é construir uma tipologia válida para a análise científica e útil como instrumento de ação política. Só assim ela poderá contribuir para superar tanto a fatuidade dos politicólogos como a esterilidade da maioria dos estudos exegéticos de base marxológica.

---

1. *El dilema de América Latina*, México, 1979, 8. ed. Siglo XXI. A primeira edição brasileira é da Vozes, 1978.

CONFUSÃO E PERPLEXIDADE

O que me preocupa é sair da névoa confusa da adjetivação política, que induz tantos a falar, tão enfática como irresponsavelmente, de "democracia mexicana", de "fascismo peruano" ou de "revolução brasileira". Como explicar tamanha confusão? Seríamos os latino-americanos tão singularmente atípicos que aqui todos estes conceitos, mais ou menos tranquilos para todo o mundo, entrariam em confluências e ambiguidades? Não seria esta confusão toda resultante da velha alienação colonial que só nos deixa ver a nós mesmos com a visão alheia, metropolitana? Creio mais na segunda hipótese. Isto é, que parecemos tão confusos não por sermos muito complexos e singulares, mas pela incapacidade de olharmos diretamente nossa própria realidade e de buscarmos explicá-la em termos significativos para nós mesmos. Neste sentido pode-se afirmar que a confusão terminológica revela males mais graves, que são a alienação mental e a indigência teórica.

Só assim se explicam paradoxos tão nossos como os de classificar de "fascistas" os regimes de Vargas e Perón, vistos pelas grandes massas, do Brasil e da Argentina, como os mais favorecedores de seus interesses. Ou a ingenuidade de ironizar a revolução mexicana ou a peruana como se as únicas revoluções dignas desse nome fossem as socialistas. Ou ainda, o simplismo de colocar em duas grandes categorias o "fascismo" e o "socialismo", todas as formas de ação política da América Latina. Ou finalmente, tratar como "populismos" governos e lideranças tão diferentes como os de Cárdenas, Perón, Fidel ou Allende; e como "burocracias autoritárias" regimes militares tão opostos um ao outro como o brasileiro e o peruano atuais.

O que se faz habitualmente nestes estudos é comparar modos de ação política observáveis entre nós com arquétipos tomados da análise de outras realidades. O resultado é apresentar nossos regimes como se fossem irremediavelmente precários e espúrios, e nossa conduta política como se correspondesse a ridículas tentativas de imitar a conduta alheia. É certo que a principal fonte de nossas ideias políticas é exógena. Também é certo que nossas formas de conduta política são frequentemente miméticas. O mais certo, porém, é que não estamos representando uma farsa política e sim vivendo situações dramáticas de despotismo e opressão e de sucessivas frustrações de revoluções abortadas.

30 • *América Latina: a Pátria Grande*

Nessas mesmas análises ignora-se com frequência que nossas precárias condições políticas não se opõem a nenhuma institucionalidade democrática completamente amadurecida. Ninguém, em parte alguma, criou instituições que permitam ao povo constituir ou derrubar governos sem intermediações ou manipulações. O máximo que se conseguiu – e que alimenta o orgulho de tantos ingênuos – está estigmatizado por mistificações e até mesmo pela corrupção e a falsidade. Nestas condições, os nossos esforços por reduzir a uns poucos tipos as múltiplas formas de pensamento e de ação política que se registram entre nós devem limitar-se ao estudo comparativo das nossas próprias formas de vivência política. Só encarando objetivamente a nossa própria realidade e repensando criticamente a nossa experiência, verificaremos que ela pode ser tida como *necessária* em razão das forças históricas que a conformaram. Mas, ao mesmo tempo, pode ser tida como *contingente* e, portanto, alterável, se tivermos a sabedoria de orientar as forças da causalidade no rumo dos interesses nacionais e populares, assim como elas foram orientadas até agora em sentido oposto. Para alcançar este objetivo, urge proceder à revisão da nossa terminologia política e fazer a crítica correspondente das teorias que pretendem descrever e explicar nossa realidade à base de conceitos calcados em outros contextos.

Esta revisão crítica é imperativa para a esquerda latino-americana, cuja indigência teórica só nos tem feito experimentar fracassos. Estes foram tantos e tão dramáticos, na última década, e nos fizeram perder tantas posições de poder que nosso tempo será tido, na história, como a era da grande confusão teórica e das grandes frustrações políticas. Na raiz destes fracassos está, sem dúvida, a capacidade política dos adversários que nos venceram. Mas também estão nossas próprias deficiências. Clarividência é a munição de que mais necessitamos para levar adiante as revoluções possíveis na América Latina. Sobretudo nessa altura da década de 1970 em que, despojados das estratégias revolucionárias em que mais confiávamos, somos desafiados a traçar novas "linhas" que só serão mais eficazes se forem mais lúcidas.

Na verdade, até a revolução cubana e o voluntarismo que ela alentou, a estratégia das esquerdas latino-americanas era a linha aliancista dos partidos comunistas. Ela não conduziu nenhum movimento à revolução e, de fato, não se propunha a fazê-lo, mesmo porque estava orientada mais para melhorar a ordem vigente do que a transformá-la desde suas bases. A vitória dos revolucionários cubanos veio desmoralizar tanto o "frente-unionismo" como o conservadorismo característico da linha política dos comunistas ortodoxos. À luz das concepções daquela linha, a vitória cubana pareceria um fruto da "ignorância", uma vez que, se Fidel e Che Guevara soubessem o que sabia qualquer dirigente comunista formado segundo as melhores teorias da época, não teriam ousado saltar de uma situação neocolonial a uma revolução socialista. Mas em sua "inocência" eles o lograram e, desse modo, não só consolidaram a única revolução socialista do continente como também pareceram abrir um novo caminho à revolução social.

Todos se puseram, desde então, a teorizar a experiência de Cuba na forma de uma estratégia voluntarista que reduzia a revolução social a uma operação guerrilheira. Segundo estas "leituras" da experiência cubana, qualquer grupo revolucionário que subisse à montanha, ali resistindo alguns meses, se expandiria depois numa ofensiva que o levaria ao poder. Dezenas de grupos muito mais numerosos tentaram repetir o milagre cubano em quase todas as nações da América Latina. Só conheceram fracassos porque nenhum deles era a cabeça de um *iceberg*, como os guerrilheiros de Sierra Maestra, integrados numa ampla organização política de massas urbanas – o Movimento de 26 de Julho – e comandados por quem era, já então, o principal líder popular cubano.

As esquerdas latino-americanas, desiludidas do "quietismo" dos comunistas e depois do voluntarismo dos cubanos, entraram na década de setenta órfãs e perplexas. A duras penas haviam aprendido, por um lado, que as ações armadas, embora tivessem algum valor de contestação onde nenhuma outra resposta política era viável, não constituíam uma porta aberta a uma revolução fácil e rápida. Aprenderam, por igual, que não é prudente esperar que surja, na América Latina, o proletariado que Marx – e depois dele gerações e gerações marxistas – esperou toda a vida ver alçar-se nos grandes centros industriais como uma força revolucionária irresistível.

Nos últimos anos, um terceiro caminho, ainda mais desafiante, se insinuou no Chile, configurando-se, para uns, como uma incitação e, para outros, como um engodo da história. Parecia que ali, em 1971, se repetiria, na forma de um *socialismo evolutivo*, o que ocorrera na Rússia de 1917 na forma de um *socialismo revolucionário*. Assim como a revolução operária e a ditadura do proletariado esperadas para a Alemanha industrializada acabaram cristalizando-se na Rússia atrasada, um movimento histórico equivalente ocorrera no Chile. Nos dois casos, porém, o socialismo não surgia como a superação do capitalismo industrial, assentado no saber tecnológico e na riqueza que ele acumulara. Surgia, isto sim, como um instrumento da aceleração evolutiva capaz de levar ao pleno desenvolvimento nações imersas no atraso. Aparentemente no Chile se inaugurava, sobre o atraso latino-americano, o socialismo-em-liberdade vaticinado pelos teóricos mais otimistas, para a França e a Itália com seus grandes partidos de esquerda. Supunha-se que no Chile se experimentava historicamente a viabilidade da marcha ao socialismo dentro de um regime parlamentar multipartidário e sob a vigilância de forças armadas, que, de guardiãs da velha ordem privatista e minoritária, se converteriam em sustentáculos da nova ordem socialista e majoritária. O desastre chileno comoveu a todos nós. Comoveu a tantos que quase todos se esqueceram prontamente de que a "via chilena" tinha algumas possibilidades de vitória. Dela nunca duvidaram as classes dominantes chilenas. Bem sabiam que enfrentavam um perigo mortal, uma vez que, se Salvador Allende conseguisse manter-se no poder por dois anos mais, tornaria irreversível a marcha para o socialismo no Chile.

Decepcionadas com a mediocridade dos resultados do "frente-unionismo" dos comunistas, desalentadas com as frustrações da ação guerrilheira, traumatizadas com o retrocesso contrarrevolucionário chileno, as esquerdas latino-americanas, derrotadas e perplexas, buscam novos caminhos. Alguns, à falta de uma rota mais viável, voltam ao aliancismo dos comunistas ortodoxos, esperando ter assim a oportunidade de participar e de influenciar – a partir de uma posição socialista – em processos políticos dos quais jamais poderiam ter o comando. Outros, se desesperam em gestos de puro desvario, como o de pagar-se com palavras, pregando revoluções de utopia, ou se entregam à contrarrevolução ao se oporem, de fato, a todas as formas possíveis de ação política concreta, acusando-as de reformistas e espúrias. Uns poucos intelectuais iracundos se indignam tanto contra a esquerda ortodoxa como contra a desvairada. Como isto se isolam, revoltados contra os tempos adversos que lhes coube viver e contra as massas populares impotentes que eles se supunham chamados a ativar. Somente alguns radicais europeus, totalmente desiludidos de ver concretizar-se uma revolução em seus próprios países e uns poucos "evolucionistas" universitários continuam pregando a luta guerrilheira como a única via para a revolução latino-americana. Os próprios grupelhos de ação direta, entregues a uma escalada de operações violentas, já sabem que sua atuação tem unicamente valor contestatório.

O CENÁRIO E OS PROTAGONISTAS

A mágoa decorrente dessa impotência teórica e prática pode ser desastrosa se as esquerdas não forem capazes de transformá-la em lucidez sobre o processo político latino-americano. Não uma lucidez contemplativa que se contente em fazer do exercício da inteligência um ato de fruição. A lucidez que a esquerda é chamada a exercer, a partir de suas poucas forças e muitas fraquezas, é aquela que coloque todas as suas energias intelectuais a serviço da única tarefa espiritual importante para povos fracassados na história: a busca dos caminhos concretos de sua revolução. Esta busca será, porém, mero exercício de erudição se se exercer, outra vez, como exegese de textos sacralizados ou como novos esforços por ilustrá-los com exemplos nativos. O que se necessita é desvendar criteriosamente as causas dos insucessos históricos, as razões dos fracassos recentes para, à luz deste conhecimento, desenvolver tanto a estratégia de como desencadear a revolução necessária como o projeto de renovação intencional das sociedades latino-americanas.

O primeiro requisito teórico para alcançar essa lucidez está no desenvolvimento da capacidade de ver objetivamente e diagnosticar com realismo as conjunturas políticas em que nós, latino-americanos, atuamos. Não se trata, evidentemente, de descobrir um "mapa da mina" ou de adquirir uma bússola prodigiosa que nos oriente com toda segurança à vitória, quaisquer que sejam as circunstâncias. Trata-se, tão somente, de nos permitir ver melhor o terreno em que pisamos, de avaliar mais objetivamente os riscos que estamos enfrentando e de conhecer melhor os protagonistas com que interagimos. Para as forças conservadoras é fácil reconhecer-se a si próprias, definir suas possíveis massas de manobra e identificar seus inimigos. Para as forças revolucionárias tudo isto é muito mais complexo, porque elas partem, necessariamente, de uma visão alienada de si mesmas e do mundo, que só podem corrigir através de uma crítica árdua e porque necessitam exercer um esforço intelectual muito mais profundo e continuado para se encontrarem, se expressarem e se organizarem como forças que existam e atuem para si próprias. Um passo importante nesse sentido será dado no momento em que contarmos com um conjunto coerente de conceitos descritivos que permitam diagnosticar o caráter dos regimes políticos e identificar as forças que os sustentam ou que a eles se opõem.

34 • AMÉRICA LATINA: A PÁTRIA GRANDE

A maior parte das análises políticas correntes se contenta com uma classificação tipológica bipolar que configura nos cenários políticos um polo conservador ou mesmo reacionário, a *direita*, e um polo progressista ou até revolucionário, a *esquerda*. Embora aceitemos estas expressões, não podemos restringir-nos a elas se queremos aprofundar a análise do cenário latino-americano. Para tanto, se impõe a construção de uma tipologia explícita de categorias mutuamente excludentes que nos proporcione um quadro conjunto do nosso cenário político, uma caracterização dos atores que nele atuam e uma visão crítica de suas metas e estilos de ação. É de todo provável que, armados com um instrumento operativo dessa ordem, estejamos em melhores condições de atuar revolucionariamente no cenário político em que nos movemos.

TIPOLOGIA DAS LIDERANÇAS POLÍTICAS LATINO-AMERICANAS		
ELITISTAS	ANTIELITISTAS	VANGUARDISTAS
Patriciais	Populistas	Esquerdistas
Autocráticas	Reformistas	Comunistas
Patriarcais		Ortodoxos
Tirânicas		Heréticos
Regressivas	Modernizadoras	Insurgentes

A nosso ver, esta classificação tripartida permite identificar no sistema político latino-americano, do passado e do presente, três modalidades de regimes políticos e de militâncias partidárias. Primeiro, a *elitista* em suas duas feições, a *patricial*, dos políticos profissionais integrantes dos partidos conservadores de estilo tradicional, e a *autocrática*, que identifica tanto as ditaduras *patriarcais* como as *tirânicas* e as *regressivas*. Segundo, a categoria *antielitista*, que compreende os estilos políticos *populista* e *reformista* e as lideranças *nacionalistas-modernizadoras*. Em terceiro lugar, as *vanguardistas*, nominalmente revolucionárias, que, por sua vez, compreendem os estilos de ação política *esquerdista, comunista e insurgente*. Nos tópicos seguintes procuraremos definir os diversos componentes desta tipologia.

LIDERANÇAS ELITISTAS

A primeira categoria geral compreende as *elites* mandantes. Quer dizer, os protagonistas *patriciais* ou *autocráticos* que exerceram tradicionalmente o poder na América Latina depois da Independência, como se tivessem para isso uma delegação tácita. Com respeito a ambos, pode-se observar que são normais as sucessões dentro de cada categoria e que mesmo as alternâncias de uma categoria a outra são meros golpes. Não chegam a constituir nenhuma ameaça revolucionária porque em nenhum caso põem em risco as bases institucionais da ordem social. Especialmente a propriedade fundiária, os contratos de exploração estrangeira e as formas de compulsão da população ao trabalho, defendidas com quase igual vigor por toda a velha elite.

Não obstante esse amplo denominador comum, que justifica tratar os patrícios e os autocratas como membros de uma mesma elite, verificam-se diferenças significativas entre eles, além do fato de as lideranças *patriciais* serem geralmente civis e as *autocráticas*, geralmente militares.

O *patriciado político* se apresenta, em cada conjuntura, ordenado num conjunto de partidos conservadores formalmente opostos uns aos outros na disputa pelo exercício do poder e pelo usufruto de suas prebendas. Seu estilo é encarnado por líderes vetustos, recrutados entre cidadãos eminentes, raras vezes entre os mais cultos e mais raramente ainda entre os mais ricos. Essas elites *patriciais* se sentem e são, verdadeiramente, responsáveis pela ordem vigente, cujas bases institucionais seus políticos fixaram na Constituição e nas leis e cuja manutenção suas tropas defenderam sempre que necessário. Quando se fala em reformas sociais profundas, como a libertação dos escravos, a reforma agrária, a limitação da exploração estrangeira ou a liberdade sindical, está se falando em refazer a ordem legal que o *patriciado* instituiu e que os regimes *autocráticos* que os substituíram, nas épocas de crise, ajudaram a conservar.

O sistema *patricial*, instaurado como a cúpula política de uma civilização agrária, arcaica e mercantil, tem no fazendeiro (a figura predominante na sociedade e na economia) seu agente político fundamental. Seus votos, que eram originariamente dos poucos reconhecidos – enquanto só votavam os proprietários –, se multiplicaram, depois, pelo número de seus dependentes. Como estes constituíam a maior parte da nação, o fazendeiro se faz um supereleitor, cujos interesses econômicos e aspirações de mando local se impõem às elites políticas. Apesar de seu caráter elitista, este sistema político alcançou um alto grau de congruência e continuidade porque correspondia ao desigualitarismo da sociedade e porque se beneficiava de sua estabilidade estrutural. Alcançou até certa legitimidade, porque o fazendeiro, convertido em chefe político regional, ganhava o apreço de seu eleitorado pela proteção que lhe dava contra violências da polícia e pelas festas e agrados que lhe proporcionava por ocasião das eleições.

Regimes *patriciais* lograram reger, por décadas, a vida política da maioria dos países da América Latina nos períodos de prosperidade econômica. Periodicamente se sucediam no poder os partidos "liberais" ou "democráticos", ou que nome tivessem, conduzindo, em cada caso, ao executivo e ao parlamento seu plantel de políticos profissionais, através dos quais obtinham os privilégios que o exercício do governo proporciona, isto é, favores e empregos para uma vastíssima clientela.

Os políticos profissionais, sua corte de funcionários e outros beneficiários constituíam os agentes efetivos do sistema *patricial*, já que só para eles tinha sentido a luta pelo poder. A massa popular entrava no jogo político na qualidade de participante do espetáculo eleitoral, ao qual comparecia como a uma festa. Para essa massa, a disputa do poder não tinha maior importância, senão a de contentar o caudilho ou burocrata que pedia seu voto. Não obstante, aqueles agentes conseguiam, às vezes, despertar tanto entusiasmo por suas lutas políticas como o provocado, hoje, pelos clubes de futebol. É o caso dos partidos *Blanco* e *Colorado* do Uruguai que, ao utilizar os distintivos surgidos nas lutas da Independência, impregnavam o ato eleitoral de tamanha carga emocional, fazendo crer que da vitória de uns ou de outros dependeria o destino do país.

Nos períodos de crise econômica – particularmente depois de 1930 –, os regimes *patriciais* cedem o poder a autocracias, que resguardam as instituições das agitações populares, então desencadeadas. Em muitos países, as mesmas elites políticas voltaram ao poder, nas últimas décadas, com roupagens renovadas, na forma de restaurações *patriciais*, como os "desenvolvimentistas" de Juscelino Kubitschek, no Brasil, os "adecos" (Ação Democrática), na Venezuela, o condomínio bipartidário da Colômbia ou os democratas-cristãos no Chile, no Peru e na Venezuela.

O *patriciado* via a si próprio como uma elite de agentes civilizadores que encarnavam nos precários cenários sociais e políticos latino-americanos o papel das burguesias heroicas, sobretudo a francesa. Efetivamente, instituíram uma ordem civil e compuseram uma sociedade política, mas só o fizeram para benefício de um estreito círculo de privilegiados que garantiu para si o gozo de direitos em meio à iniquidade e ao despotismo que recaíam sobre as grandes maiorias da população trabalhadora, escrava e ex-escrava. É notório que essa democracia de participação limitada contrasta com a grande façanha dos norte- -americanos, que foi a de instituir uma economia nacional autônoma e uma ordem civil democrática capaz de incorporar a maioria da população. Foi comprometendo a todos com esta ordem institucional que se criou um "povo". Sua participação na vida política e o exercício de direitos fundamentais viabilizaram a própria ordenação social classista e, dentro dela, a hegemonia burguesa.

Aqui, o máximo que se alcança é uma democracia restrita à igualdade dos pares. E assim é porque as classes dominantes latino-americanas são, de fato, muito mais parecidas com o *patriciado* escravista romano do que com qualquer burguesia clássica. Embora citando os clássicos de institucionalidade burguesa e até copiando constituições e leis europeias e norte-americanas, essas elites o faziam como atos ostentatórios. Tomavam todo o cuidado de que nenhuma liberalidade pusesse em risco a continuidade da velha dominação oligárquica sobre a população, nem os vínculos de dependência externa. Vale dizer, precisamente aquilo que a ordem burguesa promoveu em outras partes.

Com a superação da civilização agrária e a emergência da civilização urbano-industrial, vão desaparecendo as bases da dominação *patricial*. O eleitorado, concentrado nas cidades, libera-se do mando político do patrão e começa a alcançar condições para uma conduta cidadã. Seu primeiro impulso, fruto de frustrações seculares, é opor-se às velhas elites *patriciais*, buscando novas lideranças *autocráticas* que se opusessem expressamente à velha ordem e prometessem assegurar-lhe o direito à dignidade de cidadãos e de trabalhadores livres frente ao governo e aos patrões.

ELITES AUTORITÁRIAS

Os regimes *autocráticos*, apesar da imagem vulgarizada de um poder discricionário propenso ao despotismo e à iniquidade, foram frequentemente mais progressistas que os *patriciais*. A muitos deles – que designamos *patriarcais* – se devem, primeiro, a organização do quadro nacional, a fixação das fronteiras e a estruturação da sociedade civil. E depois, algumas reformas substanciais como a abolição da escravatura, a liberdade sindical e até ousadias como o enfrentamento direto com o patronato urbano e com os "testas de ferro" dos interesses estrangeiros, façanhas que não podem ser creditadas a nenhum regime *patricial*.

Dentre os primeiros regimes *autocráticos patriarcais* são assinaláveis as *autocracias unificadoras* de Rosas na Argentina, Portales no Chile, Juárez no México, Francia e López no Paraguai. Dentre os últimos se situam os governos *autocráticos* de perfil *patriarcal*, revestidos com certo grau de responsabilidade social frente às grandes maiorias da população. Eles inauguram o estilo *nacional-sindicalista* com Vargas no Brasil e Perón na Argentina, que, contando com enorme apoio de massas, promoveram reformas sociais e administrativas e contribuíram poderosamente para incorporar as novas massas urbanas na vida social e política da nação.

A imagem despótica dos regimes *autocráticos* se justifica pelo grande número de ditaduras que, em lugar da feição *patriarcal*, encarnam formas cruamente *tirânicas*. Enquadram-se neste caso os três padrões de *autocracias tirânicas*. Primeiro, as *ditaduras clientelistas* de Pérez Jiménez na Venezuela, de Rojas Pinilla na Colômbia e de Odría no Peru. Segundo, a variante *despótica*, típica das autocracias latino-americanas, que configura toda uma galeria de ditadores tenebrosos como Somoza, Ubico, Trujillo, Batista, Stroessner, Duvalier, exibindo a degradação extrema das estruturas de poder.

A terceira modalidade, as autocracias *regressivas e repressivas* do tipo implantado no Brasil de Castello Branco, na Argentina de Onganía, na Bolívia de Banzer e no Chile de Pinochet etc. Embora frequentemente caracterizadas como fascistas, elas se aproximam mais do estilo salazarista ou franquista, que corresponde à deterioração do poder em sociedades que não contam com classes dominantes capacitadas para o desempenho "burguês".

Não chegam a ser fascistas porque aqueles regimes, apesar de toda a sua iniquidade, revelaram preocupações nacionalistas, de atendimento a reivindicações sociais de pleno emprego e de subsídio ao consumo que as referidas ditaduras jamais permitiram. Contrastam também com o fascismo, devido às características fundamentais deste como regime nacionalista de direita voltado para a defesa do capital monopolista e comprometido, por isso, com plutocracias industriais e financeiras. Dizer que os regimes *autocráticos* desse tipo da América Latina são "fascistas-coloniais" só contribui para confundir ainda mais o assunto.

Seu caráter distintivo parece ser o de elites *autocráticas* de extração militar, oriundas da guerra fria, que assumem o poder em situações de profunda crise política em sociedades cujas classes dominantes, sentindo-se ameaçadas, apelam para as forças armadas como única maneira de conservar sua hegemonia. Caracterizam-se também por sua tendência ao retrocesso na política nacionalista dos regimes que os antecederam; à regressão nas conquistas sociais alcançadas pelos trabalhadores e à repressão mais violenta contra toda oposição, sobretudo a de esquerda. É também característica a pouca importância que esses regimes atribuem à legitimação formal do exercício do poder. Em alguns casos, ela se reduz à afirmação da necessidade de fazer frente a uma suposta ameaça *comunista*. Em outros, se contenta em substituir os procedimentos formais de legitimação pela propaganda mais demagógica. Em todos os casos, substituem o estado de direito e a institucionalidade republicana por éditos com força constitucional; as antigas eleições universais por votações indiretas ou fictícias entre candidatos selecionados por seu reacionarismo; os velhos partidos por novas organizações de consagração de todos os atos governamentais.

Esses regimes *regressivos*, surgidos como reação a supostas ameaças revolucionárias, são tanto mais *repressivos* quanto maior tenha sido o pavor que as referidas ameaças provocaram nas classes dominantes. No Chile, contrapondo-se a um governo em marcha para o socialismo e que enfrentou com firmeza as ameaças de golpe militar, o regime contrarrevolucionário alcançou extremos de retrocesso social e de violência repressiva.

Uma vez implantados, os regimes *regressivos* e *repressivos* se ocupam de imediato em destruir as organizações políticas e sindicais preexistentes; da abertura da economia à exploração das empresas multinacionais e de assegurar a livre movimentação dos capitais estrangeiros. Cuidam também de "sanear" os quadros da burocracia governamental, do parlamento e do judiciário, a fim de colocar todo o poderio do Estado a serviço exclusivo das classes privilegiadas.

As três ordens de ação têm como somatório um regime antinacional e antipopular de extremado autoritarismo, mas desprovido de um projeto próprio de desenvolvimento nacional.

AS ANTIELITES

A segunda categoria geral de nossa tipologia – a *antielitista* – é formada por militâncias políticas relativamente recentes que se opõem às elites tradicionais, buscando substituí-las no exercício do poder como lideranças pretensamente mais atentas às aspirações das grandes maiorias populares. Compreendem tanto regimes de feição *democrática* – porque legitimados por eleições e relativamente consentidos – como regimes de caráter *autoritário*, embora aqui estes termos se tornem ainda mais ambíguos do que no caso das elites. Com efeito, as antielites oriundas de eleições não representam nenhuma garantia de uma ação de governo identificada com os interesses nacionais e populares. Por outro lado, as antielites que surgem de golpes ou revoluções são, com frequência, mais autônomas frente às velhas classes dominantes e mais capazes de enfrentá-las para defender uma política nacionalista e nacional-reformista.

Nosso paradigma de ação política *antielitista* compreende, fundamentalmente, dois estilos de poder democrático-representativo, o *populista* e o *reformista* e um estilo de poder autoritário, o *nacionalista-modernizador*. Sua emergência corresponde a uma instância da modernização em que a sociedade é ativada por processos intensivos de urbanização e industrialização, ou agitada por profundas mobilizações camponesas.

As antielites *populistas* são concebidas em nossa tipologia como aquelas lideranças oriundas de processos eleitorais que atuam em movimentos partidários de mobilização popular de caráter intrinsecamente demagógico e que se organizam como governos personalistas e conservadores. Seu tema político fundamental é a denúncia dos regimes *patriciais*, a consagração do líder *populista* e a formulação de reivindicações classe-medistas. Manipulam estes temas, porém, tão somente para empolgar o poder que exercem com um estilo demagógico mas sem pôr jamais em risco a ordem tradicional. Tal como ocorre com as velhas elites *patriciais*, as antielites de políticos profissionais são invariavelmente fiéis aos interesses do patronato, sobretudo do rural, e das empresas estrangeiras. Exemplificam este modelo as lideranças de Ademar de Barros e Jânio Quadros no Brasil, de Yrigoyen e Frondizi na Argentina, de Alessandri Palma, Ibáñez e González Videla no Chile e de Velasco Ibarra no Equador. É óbvio que existem grandes diferenças entre as lideranças citadas. Estamos mais atentos, contudo, para suas semelhanças que recomendam tratá-las como uma categoria tipológica própria, relativamente heterogênea, mas claramente oposta aos demais padrões de atuação política *antielitista* ou *vanguardista*.

As antielites *reformistas* são, ao contrário, lideranças políticas relativamente autônomas com respeito ao empresariado nacional ou estrangeiro, rural ou urbano. Estão, ao mesmo tempo, profundamente comprometidas com as classes populares, particularmente com os proletariados industriais e com as massas recém-urbanizadas, carentes de organização no plano sindical e de identidade própria no campo político. Como tal, são lideranças intrinsecamente não demagógicas e ativamente reivindicativas.

Estas características não decorrem de nenhuma virtude moral mas da circunstância em que atuam, como porta-vozes políticos de trabalhadores assalariados que têm reivindicações de liberdade sindical, de aumento de salários, de reconhecimento social e muitas outras que são iniludíveis. O líder *reformista* pode adiar a consideração de qualquer delas, mas, cedo ou tarde, terá de fazê-lo sob pena de perder a liderança para outro mais capaz de expressar as aspirações dessas massas. Seus quadros são recrutados, por um lado, nos meios sindicais e nos grupos políticos e intelectuais com eles identificados; e, pelo outro, nos grupos vinculados aos regimes *autocráticos* de estilo nacional-sindicalista. São exemplos típicos de lideranças *reformistas* o *janguismo* no Brasil e o *peronismo* na Argentina. Enquadram-se também nesta categoria as figuras de Jacobo Arbenz, da Guatemala; de Juan Bosch, da República Dominicana; de Haya de la Torre, do Peru e de Rómulo Betancourt, da Venezuela. Estes dois últimos, apenas no seu primeiro período de ação política, porque, mais tarde, ambos se enfileiraram na categoria de restaurações *patriciais* tardias, abertamente reacionárias.

Populistas e *reformistas* – embora tenham de comum tudo que justifica tratar a ambos como variantes das lideranças *antielitistas* – contrastam claramente uns com os outros por sua atitude frente ao povo e por seus propósitos frente à ordem social vigente. O *populista* fala ao eleitorado discursando sobre o que este supostamente deseja ouvir, no estilo do seu agrado, com o objetivo de obter seu voto para representá-lo nos órgãos de poder como um intermediário político melhor do que as antigas elites *patriciais*, mas igualmente fiel à ordem vigente e às velhas instituições. O líder *reformista*, enraizado nas massas assalariadas, busca organizá-las em sindicatos, ligas e associações para suas reivindicações diretas frente ao patronato, ao mesmo tempo que as põe em movimento no cenário político em defesa de suas aspirações de reforma da ordem social e de controle da máquina estatal de formulação das políticas governamentais.

Algumas lideranças destes dois padrões conseguiram alcançar enorme prestígio junto às massas populares e impor-se sucessivamente a velhas elites civis e militares que vetam seu acesso ao poder. Porém, via de regra, têm um desempenho fugaz. Os *populistas* porque veem desmascarada sua demagogia pelo próprio exercício do poder. Os *reformistas* porque conseguem mais facilmente assustar as classes dominantes com suas ameaças de promover reformas radicais, do que organizar as bases de massas e estruturar os dispositivos de segurança que permitam levá-las a cabo. Uma debilidade essencial dos *reformistas* reside em seu próprio caráter intrinsecamente conciliativo, que os faz recuar sempre que a direita ameaça com a guerra civil; ou que o processo político que eles lideram se radicaliza ameaçando transcender e passar do reformismo à revolução. Mas reside também, principalmente talvez, em sua incapacidade de organizar politicamente o povo para a autodefesa contra o golpismo. Essas deficiências, sendo ambas superáveis – uma pela radicalização das antielites *reformistas*, a outra pela mobilização popular organizativa – abrem espaço para que novos partidos *reformistas*, assentados na classe trabalhadora, imponham um regime democrático de participação plena às elites tradicionais.

A terceira categoria de antielites – as *nacionalistas-modernizadoras* –, embora contrastando com as outras duas por seu caráter de regimes autoritários –, tem em comum certos atributos que justificam compor com todas elas uma mesma categoria tipológica, oposta tanto às elites tradicionais como às vanguardas revolucionárias. Chamamos antielites *nacionalistas-modernizadoras* aos regimes autoritários – como o peruano, ou de caráter institucional, como o mexicano – oriundos de movimentos revolucionários e dotados de capacidade efetiva para um enfrentamento radical com as classes dominantes tradicionais, através de programas de reforma agrária e de contenção da exploração estrangeira. Nesse sentido, elas são mais "revolucionárias" do que "modernizadoras", nas acepções usuais destes termos, embora não propendam para a instauração de regimes socialistas e até constituam um obstáculo para que isto ocorra. Entretanto, o fato de ter sido assim até agora não impede que, no futuro, algum regime *nacionalista-modernizador* se oriente nessa direção. Nesse caso, eles poderiam constituir uma via de acesso a um modelo novo de regime de caráter solidário que representaria, ao lado dos socialistas-revolucionários de orientação marxista, um caminho alternativo para a reconstrução intencional da sociedade em bases que permitissem promover um progresso generalizável a toda a população.

Nosso paradigma para esta categoria é o que tiveram de comum, enquanto regimes políticos, a Turquia de Mustafá Kemal, o Egito de Nasser, a Argélia de Boumedienne, o México de Cárdenas, a Bolívia do MNR e o Peru de Juan Velasco Alvarado. Trata-se, em todos os casos citados – e é isto o que eles têm de peculiar –, de nacionalidades oriundas de altas civilizações com as quais a Europa chocou-se em sua expansão, as quais ainda hoje conduzem dentro de si duas tradições culturais em conflito. Trata-se também de povos do Terceiro Mundo que fracassaram em seus esforços por integrar-se como economias autônomas e prósperas na civilização industrial moderna, vendo-se condenados a uma condição colonial ou neocolonial de dependência. Mais significativo talvez é o fato de se tratar de estruturas sociais que não conheceram classes dominantes nem classes oprimidas equiparáveis às europeias estudadas pelo marxismo clássico, e para as quais ele vaticinou duas ordens de desempenho político: a revolução burguesa e a proletária.

Os regimes *nacionalistas-modernizadores* se comportam frente às massas marginalizadas da população como movimentos políticos de integração das mesmas no quadro econômico, social e cultural, através da realização de profundas reformas sociais. As limitações que na maior parte dos casos estes regimes impõem à participação político-eleitoral se compensam, assim, pelo reconhecimento de direitos efetivos que sempre foram negados pelos regimes *patriciais*, como a liberdade de organização sindical e de greve e a reforma agrária. A atitude destes mesmos regimes para com os setores privilegiados da população está marcada por sua preocupação de proteger, mediante subsídios, os débeis empresariados nacionais. Nesse sentido, os regimes *nacionalistas-modernizadores* parecem empenhados na tarefa impossível de criar, artificialmente, a burguesia nacional que a história não gerou em suas sociedades. Não conseguem, obviamente, alcançar este propósito, mas em muitos casos criam empresariados nativos comprometidos com interesses estrangeiros que acabam por se constituir em setores hegemônicos. Colocam, então, os regimes *nacionalistas-modernizadores* a seu serviço – como ocorreu no México – ou chegam mesmo a proscrevê-los, como sucedeu na Bolívia.

Alguns contrastes podem ser observados entre os dois primeiros padrões *antielitistas*, a que nos referimos, e os movimentos *nacionalistas-modernizadores*. Existe, aparentemente, uma diferença de grau entre o *populismo* (demagógico, mas conservador) e o *reformismo* (renovador, mas autocontido); e de natureza entre ambos e o *nacionalismo-modernizador* (efetivamente capaz de empreender reformas sociais profundas, embora tendente a esclerosar-se). Essas diferenças, entretanto, não parecem ser tão significativas que justifiquem situar o padrão *nacionalista-modernizador* entre as vanguardas revolucionárias, ou incluir os *populistas* e os *reformistas* na categoria de lideranças *elitistas*. Todos os três constituem modos intermediários de ação política, situados entre o *elitismo* e o *vanguardismo*. Todos os três, também, embora em graus diversos, podem vir a transcender o desempenho que tiveram. Sobretudo o *reformismo*, que, em certas situações, foi suficientemente radical para provocar contrarrevoluções preventivas que acabaram por desmontá-lo do poder devido à sua incapacidade de defender-se. E, particularmente, o *nacionalismo-modernizador*, que, em um caso concreto – o peruano –, avançou tanto no desmonte de uma velha ordem privatista e na criação de novas bases mais solidárias para a vida social que aparentemente só tem futuro como uma estrutura econômica que, não sendo capitalista, será necessariamente socialista; e uma institucionalidade que, não sendo liberal-burguesa, será alguma invenção solidarista.

O estudo dos regimes *nacionalistas-modernizadores* e das formas de ação política que eles ensejam tem a maior importância por tudo que foi dito e, também, porque sua concretização está no quadro de possibilidades de ação dos militares latino-americanos. Porque ele abre às forças armadas a perspectiva de um novo papel político de agentes transformadores de suas sociedades. Um papel, aliás, muito mais gratificante que sua função tradicional de prepostos da velha ordem oligárquica. E finalmente porque, sendo a emergência desses regimes o maior temor dos norte-americanos, ela pode vir a ser, pelo menos, a esperança dos que não veem outras formas de ruptura com a dominação e o atraso em que estão mergulhados tantos países latino-americanos.

VANGUARDISMO REVOLUCIONÁRIO

A última categoria geral da tipologia que propomos à discussão é a das *vanguardas revolucionárias*. Elas são muito mais difíceis de conceituar porque constituem antes propensões do que modelos de regimes ou estilos de vivência política. Não fosse assim, teríamos de circunscrever esta categoria ao modelo *socialista-revolucionário* cubano e ao *socialista-evolutivo* que se tentou, sem êxito, implantar no Chile. Deixaríamos, porém, fora de nossa classificação alguns dos protagonistas das lutas pela transformação revolucionária da América Latina. Para não excluí-los é que admitimos colocar, ao lado de categorias referentes a estruturas de poder, isto é, a regimes políticos concretos e aos estilos de militância que lhes correspondem, uma categoria mais ambígua, formada pelas forças *insurgentes*. Estas últimas, na realidade, incluem mais autores do que atores, mais vocações militantes do que desempenhos históricos, mais insurgências potenciais do que revoluções cumpridas. Estes reconhecidos defeitos de sistemática na construção de nossa tipologia são menos importantes, contudo, do que o valor instrumental que ela pode vir a ter se alcançar algum êxito na identificação de todas e cada uma das modalidades de militância conservadora e renovadora que se defrontam no cenário político latino-americano.

A nosso ver, as vanguardas podem ser classificadas em três subcategorias significativas e mutuamente excludentes. Temos, em primeiro lugar, as vanguardas *esquerdistas*, que compreendem tanto a intelectualidade de esquerda como as militâncias revolucionárias socialistas e as esquerdas cristãs não identificadas com o marxismo como teoria orientadora de sua política. Elas são quase que exclusivamente provenientes da classe média, atuam em partidos e movimentos de massa, mas fervilham, principalmente, nas universidades, no jornalismo e nas artes, que constituem seus principais campos de agitação. Assumem facilmente atitudes verbais ultrarradicais que as isolam tanto dos movimentos *reformistas* e das lideranças *nacionalistas-modernizadoras* como das outras vanguardas com que estão sempre em competição.

Os *comunistas* constituem a segunda subcategoria das vanguardas virtualmente revolucionárias. Seu perfil é marcado pela pretensão de constituir o partido da classe operária e a encarnação de sua consciência política. E também pela orientação frente-unionista, que os faz propensos a alianças com partidos de centro; pela identificação formal com o marxismo como teoria da revolução e, finalmente, por um alto grau de politização doutrinária, de organização, de hierarquização e de disciplina partidária. Seus dirigentes se originam também, principalmente, das classes médias intelectualizadas, embora alguns líderes sindicais, formados na prática política, também alcancem posições de liderança e mando. Embora homogêneos como categoria, os *comunistas* se dividem em agrupamentos mais hostis entre si do que diferenciados uns dos outros. Tais são: os *comunistas ortodoxos*, os mais conservadores e os mais identificados com as posições soviéticas; os *comunistas heterodoxos*, de orientação pró-chinesa e os *comunistas heréticos*, que são os remanescentes dos velhos movimentos trotskistas e anarquistas, bem como os antigos integrantes do voluntarismo que refluíram para posições *comunistas*. Enquadram-se ainda nesse escaninho os partidos socialistas de orientação marxista, como o Partido Socialista chileno e o MAS da Venezuela.

O último contingente é formado pelas vanguardas virtualmente *insurgentes*. Assim designamos os pequenos grupos de ação direta, tanto os núcleos clandestinos de combatentes da luta armada como sua orla de simpatizantes. Os primeiros atuavam, até há poucos anos, principalmente na guerrilha rural. Hoje, muito debilitados, se concentram em grupos urbanos de contestação armada. Eles encarnam tentativas dramáticas de reproduzir, em outros contextos, a revolução cubana, concebida como um caminho heroico, fácil e rápido de desencadear a revolução socialista. Em alguns casos alcançaram extraordinária repercussão, como na epopeia de Che Guevara, que quis fazer dos Andes uma gigantesca Sierra Maestra que libertaria toda a América Latina. O Che fracassou, é certo; mas a ousadia e generosidade de seu intento dignificaram as esquerdas e deram à juventude de todo o mundo um novo modelo-imagem do herói revolucionário.

Em outros casos menos espetaculares, alcançaram êxitos pouco duradouros, como nas ações ousadas dos Tupamaros, no Uruguai; ou nas tarefas de vigilância da política e de combate ao terrorismo de ultradireita do MIR chileno; e nas primeiras ações dos Montoneros, de apoio armado ao peronismo argentino. Entretanto, a acumulação de malogros foi deixando evidente para a maioria dos grupos *insurgentes* a limitação desta forma de luta. Eles começaram, então, a perceber que de suas ações isoladas, por mais heroicas que fossem, não resultaria jamais uma revolução. Chegou-se, finalmente, a uma situação em que somente os quadros mais radicais daqueles grupos foquistas e os militares especializados no seu combate acreditam ainda que a guerrilha constitua uma porta à revolução social.

A orla de simpatizantes do voluntarismo revolucionário é, hoje, mais importante que os próprios *grupos insurgentes*, pela ação proselitista que desenvolve principalmente nas universidades e entre a juventude de classe média. Sua atuação, entretanto, mais vezes favorece a contrarrevolução do que a revolução, devido às suas preocupações obsessivas de combater os movimentos *comunistas* como se eles fossem o inimigo principal da revolução; e de desmoralizar como *reformista* qualquer ação política da esquerda que não seja palavrosamente radical. Em muitos casos, caem em verdadeira alienação ao exigir de cada movimento revolucionário uma postura ideológica que corresponda estritamente ao que eles, em sua inocência e dogmatismo, supõem seja o pensamento dos clássicos marxistas; e ao pedir que todo programa corresponda estritamente a um socialismo cerebrino, de utopia, e que se oponha a qualquer dos socialismos concretos que se estruturaram no mundo real. Em atenção a estas características foi que definimos, uma vez, essas facções *insurgentes* como uma esquerda desvairada que, esterilizado o pensamento marxista, se tornou incapaz de ver e compreender dialeticamente as conjunturas políticas concretas em que atua, e só serve à contrarrevolução.

PERSPECTIVAS FUTURAS

Bem sabemos que a tipologia que acabamos de expor tem o defeito da ambiguidade, dificilmente evitável em qualquer tentativa de fixar numa classificação formas tão instáveis e vagas como o são as entidades políticas. Mas ela tem, provavelmente, o valor de proporcionar uma visão de conjunto dos principais protagonistas da arena política latino-americana; e talvez, também, o de permitir fixar as singularidades de cada um deles pelo contraste de seus traços característicos com a fisionomia dos demais.

Vista sob o ângulo dessa tipologia, a vida política latino-americana comparece na dinâmica da transição de regimes elitistas, impotentes para produzir uma "revolução burguesa", a regimes intermédios que também se frustraram historicamente na maioria de suas tentativas de melhorar a velha ordem institucional ou de promover reformas consentidas; e, finalmente, a crise presente de busca de novos caminhos para a revolução latino-americana.

O que fazem habitualmente os politicólogos é focalizar nossos modos de vivência política como uma série de formas precárias, "subdesenvolvidas", de concretização das instituições políticas europeias nessa província do Terceiro Mundo. O que nos propusemos foi, ao contrário, configurá-los através da observação direta da realidade. O efeito principal deste enfoque, despido de prenoções, é ver os protagonistas políticos tais como são em suas funções de guardiães das instituições básicas da ordenação política e de defensores do *status quo*; ou, ao contrário, de agentes de sua transformação.

Visto sob essas luzes, o *patriciado político* tradicional – tratado quase sempre pelos estudiosos como o paradigma da normalidade e até da dignidade no exercício das funções de mando – comparece em seu verdadeiro caráter de agente ultraconservador das classes patronais, merecedor de toda a confiança delas por sua fidelidade, nunca negada, na defesa dos interesses antipopulares. Em lugar do papel que esse *patriciado* se atribui de autoridade que, revestida de legitimidade e consagrada pela tradição, pode enfrentar qualquer interesse privatista na defesa do que é público e majoritário, sua verdadeira função é legalizar a ordenação oligárquica e executar o projeto nacional que corresponde aos interesses das minorias privilegiadas. O contendor habitual dessa elite *patricial* é a elite *autocrática* que alterna com ela no poder, ocupando-o nos períodos de crise que ameaçam o sistema. Uma e outra, por suas funções política e guardiã, embora conflitantes por vezes, contribuem para dar estabilidade e continuidade à velha ordenação social.

Esta cúpula intrinsecamente solidária da estrutura de poder se assenta no caráter das próprias classes dominantes latino-americanas. Aqui, em lugar de classes dominantes bipartidas, como as europeias, em dois componentes antagônicos – um aristocrático e o outro burguês –, cujo enfrentamento conduziu à revolução "democrático-burguesa", o que encontramos são classes dominantes monoliticamente estruturadas. Embora também divididas em um componente *patronal* de empresários (que tira seu poder da exploração econômica direta) e outro *patricial-burocrático* (que obtém poder e prestígio pelo desempenho de cargos), ambos são solidários na defesa do velho regime que os serve e enriquece. Os mandatários políticos dessa estrutura são, em consequência, elites civis (patriciais) ou militares (autocráticas), que não têm nenhuma propensão a rupturas de estilo burguês porque são tão beneficiárias do velho sistema como o patronato.

Nessas condições, não se pode deixar de reconhecer que o principal fator causal de nosso atraso reside não em deficiências da terra ou do povo, como fizeram crer, por décadas, tantos teóricos, mas no caráter retrógrado das classes dominantes. Elas organizaram a nação e o Estado para servirem a seus próprios projetos de prosperidade, sem preocupar-se com o preço que esta prosperidade cobraria à grande maioria da população. Estas maiorias, ontem, eram massas escravas – indígenas ou negras – utilizadas como mera força energética. Hoje, constituem a massa de assalariados engajada no trabalho das fábricas, das minas, das fazendas, frequentemente sob condições de trabalho escorchantes. Pior ainda é a situação das camadas marginalizadas da população, cuja aspiração suprema é conseguir emprego fixo, ainda que em condições de superexploração, e que nem isso alcançam.

Frente à mão de obra escrava, as velhas elites *patriciais* se comportavam como sustentáculo da instituição escravocrata, só abolida quando se tornou impossível salvá-la. Face aos primeiros surtos reivindicativos dos trabalhadores fabris, organizados por líderes anarcossindicalistas, o patriciado apelou para a repressão tratando as questões sociais como "casos de polícia". Frente às massas marginais, o *patriciado* se atemoriza, transferindo o poder a regimes *regressivos* e *repressivos*, na esperança de que usem a violência para conter essas massas que, em seu desespero, tenderiam a subverter a ordem social.

À luz da perspectiva tradicional de análise das estruturas de poder da América Latina, os regimes *autocráticos* são vistos, invariavelmente, como sistemas intrinsecamente despóticos, decorrentes da deterioração da institucionalidade *patricial*. A nosso modo de ver, alguns regimes *autocráticos* foram historicamente mais independentes com respeito à defesa dos interesses das classes dominantes do que as elites *patriciais*. De fato, foram governos autocráticos os que, em muitos países da América Latina, promulgaram a independência, fizeram a unificação do país, promoveram a libertação dos escravos, propiciaram a liberdade sindical, além de desempenharem outros papéis libertários.

Nesta revisão da experiência política latino-americana, cumpre assinalar, ainda, que as espantosas estabilidade e continuidade da velha classe dominante no exercício do poder – que é o seu grande êxito dentro da história – constitui, ao mesmo tempo, o signo de sua impotência evolutiva intrínseca para a revolução burguesa. A contraparte desta impotência evolutiva das classes dominantes é a debilidade das classes oprimidas para atuar como força revolucionária. Essa incapacidade correlativa de classes antagonicamente opostas para desencadear, seja a revolução "burguesa", seja a "proletária", as impossibilita também para instituir estruturas democráticas de poder que sejam estáveis e capazes de conduzir racionalmente a sociedade com um mínimo de acatamento aos interesses das grandes maiorias. É essa impotência que tem condenado nossos países ao descompasso histórico e ao atraso evolutivo.

Nessas condições, ante a inviabilidade de uma revolução burguesa, *porque tardia* (dado o temor das classes dominantes à ameaça de uma progressão socialista) e, frente à impossibilidade de uma revolução socialista, *porque precoce* (em razão da imaturidade de suas massas e vanguardas para o desempenho deste papel), a América Latina vê-se historicamente paralisada. Vive, em consequência, uma existência política perturbada, de crise crônica, entre golpes direitistas e intentonas frustradas de insurreição.

Um dos requisitos necessários à ruptura desse impasse é alcançar clareza sobre o caráter e a forma da revolução latino-americana. Clareza, sobretudo, quanto às vias alternativas de progressão dos regimes vigentes a regimes solidários, cuja consecução esteja no horizonte de possibilidades dos protagonistas políticos concretos com que contamos. Outro requisito é o de que as forças virtualmente revolucionárias deixem de contentar-se com o simples desejo de forçar a realidade a enquadrar-se em seus esquemas cerebrinos de revoluções de utopia e fazê-las compreender que revolucionário é quem exaure, aqui e agora, as potencialidades de ação concretamente transformadora do contexto histórico nacional em que opera.

Acreditamos que a tipologia proposta se presta, também, a focalizar dialeticamente, como posições dinâmicas, as diversas categorias classificatórias, a fim de detectar suas predisposições a encarnar certas tendências típicas. A mais óbvia delas – ainda que de menor importância porque não conduz a nenhuma transformação social – é a sucessão no poder das elites *patriciais* e *autocráticas* em épocas de crise e de bonança. Outra é a substituição dos regimes *patriciais* por regimes *populistas* que, levando a extremos a demagogia política e o clientelismo, são derrubados do poder. Uma terceira propensão é a de que as autocracias nacional-sindicalistas, no momento de sua queda, inspiraram movimentos *reformistas* de base popular, decididos a promover transformações estruturais, mas carentes de força para enfrentar a reação. Nestes casos, o que produz é o veto militar, o golpe e o surgimento de regimes *regressivos-repressivos* que se autojustificam como contrarrevoluções de caráter preventivo destinadas a evitar que os governos *reformistas* descambem para o *comunismo*.

Outra sequência típica é a substituição de restaurações *patriciais elitistas* ou de ditaduras *tirânicas* por regimes *nacionalistas-modernizadores*, instaurados no curso de movimentos revolucionários ou de golpes militares. Especula-se também com a possibilidade de uma progressão das ditaduras *regressivas* – pela tomada do governo por militares "nasseristas" – para formas *nacionalistas--modernizadoras* de poder. Esta progressão ainda não ocorreu em nenhum país. Mas o temor generalizado da direita de que ela venha a ocorrer talvez esteja indicando uma sequência possível.

O salto dos regimes *elitistas* ou *antielitistas* a revoluções socialistas é uma possibilidade das mais remotas. Embora seja improvável, não é impossível que isto ocorra por alguma das múltiplas vias que tornam possível uma revolução social. Para isso, influirá decisivamente a nova conjuntura internacional que se está gestando em nossos dias. Como traços dominantes prevalecem nela, por um lado, a deterioração da política externa norte-americana e o seu fracasso para exercer a hegemonia mundial. E, por outro lado, a crescente importância da América Latina para um império em decadência, cujo último reduto será este continente.

Estas últimas apreciações, que dizem respeito a um quadro mais amplo que o latino-americano, mostram o grau de internacionalização das lutas políticas que aqui se travam. Nesse sentido, nosso estudo dos protagonistas políticos do cenário latino-americano seria incompleto se nos limitássemos aos atores nativos. Nele também atuam, de modo cada vez mais acintoso e, lamentavelmente, de forma quase sempre eficaz, diversos tipos de agentes estrangeiros que precisam ser levados em conta se queremos ter uma visão objetiva das forças que enfrentamos.

Eles se apresentam sob três modalidades principais. Primeiro, os quadros dos serviços militares norte-americanos de assessoria às forças armadas latino--americanas, que as ajudam a definir a teoria e a prática da segurança nacional, ao mesmo tempo em que lhes oferecem treinamento e as integram, em nível continental, na luta contra a *insurgência*. Em segundo lugar, os próprios *rangers* e *marines* que, em situações consideradas de perigo extremo, desembarcam em nossas praias. A terceira modalidade é representada pelos agentes da CIA e a vasta rede de espiões, provocadores, terroristas e sabotadores, amparados por políticos profissionais e por militares que montam e executam complexas operações contrarrevolucionárias. Algumas delas foram abertamente escandalosas, como a derrubada do governo Arbenz da Guatemala, o desembarque em Cuba, a caçada a Che Guevara na Bolívia e a "desestabilização" do governo de Allende. Denunciadas no Parlamento e na imprensa norte-americana, tais ações não puderam ser negadas. Outras, mais discretas, não foram tão enfaticamente denunciadas, como o golpe brasileiro de 1964.

Estas reiteradas intervenções na política latino-americana revelam, por um lado, que os norte-americanos têm uma ideia muito clara do tipo e do estilo de governo que eles consideram compatíveis com a perpetuação de sua hegemonia sobre o continente. E que esta visão é coparticipada pelas classes dominantes nativas, que encaram a tutela imperialista como a maior garantia da defesa de seus interesses. Demonstram, por outro lado, que as lutas políticas latino-americanas, embora se travem dentro dos quadros nacionais, já se internacionalizaram, colocando em mãos da reação imensas potencialidades de informação, de análise e de ação, que desafiam as esquerdas a superar sua alienação e seu provincianismo a fim de alcançar um mínimo de eficácia. Significam também que é improvável que na presente década uma liderança *vanguardista* possa desencadear, com suas próprias forças, uma convulsão social generalizada que conduza a uma revolução socialista capaz de consolidar-se. Os requisitos mínimos para que uma ação desse tipo seja vitoriosa excedem visivelmente as possibilidades atuais das vanguardas latino-americanas. Embora não se deva esquecer que as grandes revoluções sociais da história jamais se anunciaram previamente, sobrevindo quando menos se esperava.

De fato, na presente conjuntura dessa década de 1980, vai ficando evidente que todos estamos condenados à democracia. A direita, porque os próprios norte-americanos revelam um temor crescente em confiar a guarda de sua hegemonia continental a ditaduras militares odiadas pelas populações latino-americanas. As esquerdas porque, dissuadidas das ilusões de uma nova revolução socialista de exceção, estão compelidas a ingressar no processo político eleitoral e na luta sindical como as arenas dentro das quais terão de viver o seu papel histórico.

a nação latino-americana*

---

* Publicado originalmente em *Horizonte 82* – Berlim, 1982; reeditado em Caracas – *Nueva Sociedade*, e na *Revista do Brasil*.

A UTOPIA ERA AQUI

A América Latina existiu desde sempre sob o signo da utopia. Estou convencido mesmo de que a utopia tem seu sítio e lugar. É aqui.

Thomas Morus escreveu a própria *Utopia* inaugural inspirado nas primeiras notícias certas que chegavam à Europa sobre a nossa inocente selvageria. Antes, todo europeu pensava que seus antepassados primevos eram uns patriarcas barbudos, enrolados em sujas túnicas, fedorentos, chorando feios pecados. Foi a visão da nossa indiada louçã, vestida na inocência de sua nudez emplumada, dançando num jardim tropical idílico, que lavou seus olhos daquela visão de judiaria. Desde então, acendeu-se o ardor utópico que floresce em ondas sucessivas de fantasias generosas ou perversas, repensando o mundo como projeto. Inventando comunismos bonitos e feios de bons e maus selvagens, sonhando com vidas possíveis, mais gostosas de ser vividas.

Antes de Thomas Morus, muitos homens santos afirmaram, com base na sua sabedoria teológica ou astrológica, que as ilhas de Fidel com que Colombo topou eram o Éden. Os próprios navegantes, com fundamento na sua experiência direta e visual, disseram o mesmo.

Colombo, visivelmente encantado com a beleza inocente da indiada pelada, confessa sem vexame, em carta ao Santo Papa, que o que tinha encontrado era o Paraíso Perdido. "Cri e creio", escreve ele, "como creram e creem todos os sábios e santos teólogos, que naquela minha comarca é que está o Paraíso Terrestre."

Américo Vespúcio, na sua vocação irresistível para a publicidade, disse e reiterou exaustivamente que aquele seu Novo Mundo tão ameno, verde, arborizado, florido, salutar, frutífero, sonoro, saboroso, passarinhado, musical, cheiroso e colorido só podia ser mesmo é o Éden. E era.

De fato, o debate destas ideias, fundado seja na especulação teológica, seja na sabedoria de experiência feita, preocupou mais aos eruditos europeus de que a comprovação, simultânea, de que a Terra era mesmo redonda que nem uma bola, mas espantosamente não derramava o mar, nem despencava os antípodas. Queria se saber, sofregamente, é se aquela indiada desnuda, tão dada às dádivas do amor como a trocar espelhinhos por ouros, era uma humanidade ou uma bicharada. Teriam alma, capaz de pecados e virtudes? Podiam receber comunhão? Como pagãos, inscientes da Revelação e, portanto, inocentes, teriam competência para pecar? Seriam só hereges? Ou seriam infiéis?

Vieram logo sábios mais sábios demonstrando, agora, que os índios, na verdade, estavam é mergulhados no pecado da nudez e da falta de vergonha, da luxúria e da antropofagia, do incesto, da feitiçaria, da sodomia e da lesbiana. Seriam criaturas do diabo. Homúnculos. A Europa, contrita, assume, então, os deveres da cristandade, propondo-se arrancar a ferro e fogo aqueles pobres índios das mãos do demo. Santos homens surgem aos magotes, com fanáticas vocações missionárias, e embarcam para cá com suas caras fechadas, suas túnicas negras e suas sólidas virtudes. Vinham desindianizar os índios, tirando-os da vida selvagem para fazer deles cândidos índios seráficos.

A utopia cristã, servida por tantos apóstolos divide-se, logo, em duas correntes irredutivelmente odientas: a católica e a protestante. Ambas caem como pragas sobre as aldeias. Loyola põe em terras americanas seus sequazes, empenhados em chamar os índios à santidade, destruindo sua vida aldeã para juntá-los em santas reduções missionárias. A tristeza da indiada foi tamanha que as mulheres deixaram de parir. Os padres tinham de tocar sinos de madrugada para os maridos cumprirem seu dever. Vieram, então, os sectários de Calvino que desembarcaram um milhar de huguenotes nas praias ensolaradas do Rio de Janeiro para fundar a utopia luterana no meio da indiada tupinambá. Quando se espalhou no mundo católico a notícia da implantação da França Antártica sob regência luterana, o ódio se acendeu e se acirrou.

Estala, aí, em terra americana a guerra da Reforma e da Contrarreforma. Os jesuítas confederam seus acólitos índios e os lançam contra a indiada que se aliara aos calvinistas. Dez mil índios morreram nesta suja guerra de tribos indígenas, brigando não sabiam por quê. Zelosos consigo mesmos, os cristãos tanto se esquivaram das batalhas e tanto se concentraram no papel de atiçadores do ódio que não perderam, nos dois lados, nem duas dezenas.

Falida a utopia protestante, prossegue a católica, levada à frente principalmente pelo ardor guerreiro dos soldados de Jesus. Primeiro, se tenta fundar a Pia Cristandade Índia na costa atlântica brasileira. Ao fim de três décadas de porfia, Nóbrega, o pastor dos filhos de Loyola, conclui que não converteu ninguém: "com anzol, os converto, com dois, os desconverto", se queixou. Mas a Companhia prossegue na tarefa santa, gastando milhões de índios dos aguais do Amazonas, numa tão santa como insensata cruzada de lhes dar uma alternativa civilizatória que não fosse a escravidão na mão dos colonos.

Acabados os índios acessíveis do Brasil, os jesuítas prosseguem no Paraguai seu duro ofício. Longe de qualquer colonização mercantil, conseguem montar a primeira experiência humana de reconstrução intencional da sociedade como um projeto. Resulta dele uma República Comunista Stalinista de Infiéis, em que se concentram centenas de milhares de índios, rezando e comungando de manhã, plantando as roças de Deus de tarde, e mais rezando de noite para carpir seus tantos pecados. Num desentendimento entre as coroas de Portugal e da Espanha sobre a que jurisdição pertencia a província em que se levava a cabo aquele experimento, os loios são expulsos e se vão. A indiada desvirilizada pela catequese se vê descabeçada. Em consequência, morrem ou são escravizados os milhares de catecúmenos, atropelados pelos colonos brasileiros, argentinos e paraguaios.

Simultaneamente com esta dizimação da indiada, a imagem que deles a Europa teve nos primeiros tempos se transfigura inteiramente. A figura do índio idílico em seu Éden tropical dá lugar à do antropófago no Inferno Verde. O doce nome do povo que assombrou a Colombo pela generosidade passa de caribe a canibe e daí a canibal. Logo, seria declinado como Calibã para assim surgir como o objeto do zelo civilizatório de Próspero, que lhes dando fala e entendimentos os introduziria na história. Alcança o clímax, nesta altura, sem quebra de furor servacionista que se desencadeara na Europa, o processo de desfazimento da indiada, para fundar, como uma empresa, a cristandade ultramarina produtora de ouros e gêneros tropicais.

Medite comigo, leitor, sobre esta desventurada epopeia da cristandade utópica europeia nos trópicos. Além de uma tragédia, um terrível equívoco. O que se queria implantar aqui, em nome de Cristo, era o que havia desde sempre, como jamais houve em parte alguma: uma sociedade solidária de homens livres.

Como explicar tanta cegueira em tão santos homens? Qual é a trava que não permitiu e não permite ainda, a tantos missionários, ver a beleza da existência humana das comunidades indígenas que eles destroem cruelmente, em nome de uma quimera que sua própria sociedade não realizou jamais? Como e por que sua fé de pregadores da palavra divina os torna, como a cobiça desvairada dos colonos, tão cegos para a alegria e a beleza de formas de existência que maravilharam e comoveram todos que puderam vê-las e nelas conviver?

Isto é tanto mais espantoso quando se verificam os vínculos da difusão de notícias sobre as sociedades indígenas ainda não estratificadas em classes, com o ascender do pensamento utópico na Europa. Foram as notícias delas que inspiraram Thomas Morus, encandearam a Erasmo e Campanella, alentaram Rousseau a inverter o entendimento europeu no mundo. Com base nelas é que se arrancou o Paraíso Perdido do passado, para projetá-lo, mirífico, no futuro. O Éden não foi nem se perdeu, por que será? É tarefa dos homens que, amanhã, irão refazer a si próprios como um projeto, quando proibirem o passado de gerar o futuro, marcando-o com suas feias marcas.

AS ARMAS DA CONQUISTA

Enquanto a indiada era desfeita nos engenhos da fé cristã, mais índios foram queimados como o carvão humano da civilização. A dimensão desse genocídio pode ser avaliada pela redução da população indígena americana no primeiro século. Ela que era, provavelmente, superior a 100 milhões em 1500, se viu reduzida a menos de 10 milhões em 1825.

Contribuíram para esta depopulação espantosa muitos fatores. O principal deles foi, certamente, a contaminação dos índios pelas pestes do homem branco. O velho mundo de europeus, asiáticos e africanos constituiu sempre um único circuito de contágio, milenarmente trabalhado pelas pestes, que o assolando por ondas sucessivas, só deixavam sobreviver os resistentes. Quando o indene mundo americano se viu abruptamente incluído neste circuito feroz, sofreu uma hecatombe. Calcula-se que no primeiro século a mortalidade foi de fator 25. Quer dizer, onde existiam vinte e cinco pessoas originalmente, sobrou uma. Estas pestes eram a varíola, o sarampo, a malária, a tuberculose, a pneumonia, a gripe, a papeira, a coqueluche, a cárie dentária, a gonorreia, a sífilis etc., etc. Cada uma delas exigiu alto tributo das populações indígenas, processando um lento peneiramento biológico, ao fim do qual poucos sobreviveram.

Outra causa do desmonte populacional foram as guerras de extermínio entre tribos, provocadas pelos europeus; como aquela já referida das lutas de índios aliados a católicos e a protestantes nas costas brasileiras. Enormes foram também as perdas indígenas, por toda a América, em guerras promovidas diretamente pelos brancos com seus espantosos exércitos de centauros montados a cavalo, auxiliados por matilhas de cães ferozes e armados de paus de fogo e espadas de aço.

Mais índios ainda se gastaram no trabalho escravo. Tanto os aprisionados nas guerras "justas", que pertenciam legitimamente aos seus captores, como os condenados ao cativeiro por qualquer decisão governamental. E inclusive os entregues a exploração idêntica por via da *encomienda* cristã. Atribuindo a um senhor branco o dever sagrado de catequizar um magote de índios, se lhe dava, em compensação, a posse das terras e o direito de explorá-los para sempre como mão de obra gratuita.

Conjugaram-se assim, eficazmente, a catequese e a contaminação, a guerra de extermínio e a escravidão, para reduzir drasticamente a população indígena. No Brasil, por exemplo, dos 5 a 6 milhões de índios de 1500 restam hoje algo como 250 mil. A maioria deles profundamente aculturados.

O espantoso, porém, não é que tantos índios morressem, uma vez que contra eles se travou uma guerra de extermínio sem paralelo na história por sua duração multissecular, pela perversidade incrível com que foi conduzida e pela eficácia espantosa das armas, dos vírus e dos ardis postos em cena. Quase incrível é que sobrassem alguns para sobreviver até nossos dias.

Após a independência, a população indígena da América Latina dobra, saltando de 7 milhões em 1825 para 15 milhões em 1950 e provavelmente dobrará outra vez até o ano 2000, quando alcançará 30 milhões. Um crescimento extremadamente modesto quando comparado com os dos outros continentes, mas ponderável em vista das vicissitudes que enfrentam.

Naturalmente, após quinhentos anos, ninguém, nem os índios, são os mesmos de antes. Neste transcurso passaram da condição de índios originais, com seus atributos culturais próprios e singulares, à de índios genéricos, cada vez mais aculturados e assemelhados à população geral do país em que vivem. Apesar de tudo, são índios ainda e sempre, em sua autoidentificação e porque são vistos como índios pelas gentes com que convivem.

INDIANIDADES

Os grupos indígenas da América Latina podem ser classificados em duas categorias principais. De um lado, as microetnias tribais, referentes aos milhares de povos cuja população vai de umas dezenas a uns poucos milhares. Cada um deles, ilhado no mar dos neoamericanos, luta para sobreviver conservando sua língua e os costumes que sejam viáveis dentro do contexto do mundo estranho e hostil que passaram a integrar.

Permanecem índios do mesmo modo que os judeus e os ciganos se agarram à sua identidade. Esta se funda menos n'alguma singularidade cultural do que na continuidade da tradição comunitária que vem das gerações que se sucederam desde a invasão europeia até nossos dias. Nesses séculos, se transformaram profundamente. Inclusive, porque só mudando podiam sobreviver, debaixo de condições também mutantes e cada vez mais adversas. Mudando, porém, dentro de uma pauta própria preservaram seu próprio ser.

Havendo conseguido sobreviver até agora, debaixo de condições tão difíceis, os índios seguramente prosseguirão existindo daqui para diante. Isso significa que no futuro teremos mais e não menos índios do que hoje. Ainda que todos sejam cada vez menos índios no plano da tipicidade cultural. Não obstante, serão índios.

O outro bloco, referente às macroetnias, corresponde aos povos americanos que, tendo atingido ou se aproximado do nível de altas civilizações antes da conquista, alcançaram, por isso mesmo, grandes contingentes demográficos e puderam sobreviver até hoje, como grandes blocos humanos. Tais são, entre outros, os quíchuas e aimarás do Altiplano Andino, avaliados em mais de 10 milhões; os grupos maias da Guatemala, que somam talvez 1 milhão e meio; os diversos grupos mexicanos com mais de 250 mil habitantes, que somarão, no total, uns 2,5 milhões; e ainda os mapuche do Chile, que se acercam de 1 milhão.

Todos esses povos foram vistos até recentemente como campesinatos e olhados sempre debaixo da tola suposição de que, com uma boa reforma agrária, progredindo, eles deixariam da mania de ser índios para se integrar alegremente nos países em que viviam. Hoje ninguém duvida de que eles são povos oprimidos, aspirantes à autonomia. Sabem clara e sentidamente que são os descendentes daqueles que viram um dia chegar e se instalar em suas terras o invasor branco, que se apropriou de todos os bens e os submeteu ao cativeiro. Vieram depois – eles viram e não esqueceram – os crioulos nascidos na terra declarar a "independência" para continuar exercendo o mesmo domínio opressor sobre eles.

Os fanáticos das lutas de classe – esquecidos de que a estratificação social é coisa recente, muitíssimo mais nova que as entidades étnicas, e de que é até provável que as classes desapareçam antes das nacionalidades – teimando em negar a identidade desses indigenatos como povos oprimidos, contribuíram condenavelmente para que eles continuassem sendo oprimidos.

Uma das indicações de que está surgindo uma nova civilização nos é dada hoje pelo fato de que por todo o mundo os quadros nacionais se abrem admitindo autonomias étnicas antes impensáveis. Uma das características já evidentes da civilização emergente é justamente esta propensão a debilitar os quadros nacionais na sua capacidade de tiranizar e de calar os povos oprimidos dentro de seus territórios. Mesmo na Europa, isto se vê na conduta dos flamengos, dos vascos, bem como de dezenas de outros povos que são cada vez mais fanaticamente eles mesmos, repelindo antigas sujeições e lutando pela autonomia na condução de seu destino.

Se isto ocorre lá, na América Latina, onde a identidade dos povos indígenas é muito mais remarcada e diferenciada e onde a opressão que eles sofreram foi muito mais cruel e continuada, a tendência é para que estalem rebeldias ainda maiores, que podem resultar em verdadeiras guerras interétnicas. É até provável que elas mudem o quadro atual das nacionalidades latino-americanas onde sobrevivem estes indigenatos; ou, ao menos, que transfigurem seu caráter para forçá-los a deixar de ser estados nacionais unitários oprimindo sociedades multiétnicas, para serem estados plurinacionais.

Um contraste notável entre as microetnias e as macroetnias é que, enquanto aqueles povos tribais resistiram secularmente ao avassalamento e alguns ainda resistem, os indigenatos foram rapidamente conquistados e subjugados. Isso se explica porque as microetnias, não se tendo estratificado em classes, nem estruturado em Estados, não contavam com nenhuma entidade capacitada para negociar e garantir a paz. Ainda hoje, quando as fronteiras da civilização em expansão deparam com grupos indígenas no interior do Brasil, por exemplo, o que se segue é a guerra entre aquela tribo isolada e a civilização que chega lá com cinco séculos de atraso.

As microetnias, ao contrário, sendo sociedades de classe que haviam experimentado a opressão de seus próprios estratos dominantes, estavam predispostas a aceitar e acatar o avassalamento. Assim é que puderam ser rapidamente dominadas após a conquista das suas cidades e o extermínio de suas elites e a subjugação de seus burocratas. Mesmo que subjugados, porém, aqueles povos encontraram formas de pactuar seus *modus vivendi* com o invasor que lhes permitiu escamotear e preservar seu ser e, tanto quanto possível, a sua cultura para ressurgirem, agora, no espaço aberto pela civilização emergente, como povos aspirantes ao comando autônomo de seu destino.

Gosto de prefigurar nossa futura federação latino-americana como um conjunto de nações que venha a incorporar no seu seio alguns povos indígenas originais das Américas. Lavados das feridas da exploração, curados dos vexames da opressão, eles se reconstruirão como culturas autênticas para florescer outra vez como civilizações autônomas.

OS NEOAMERICANOS

Simultaneamente com estes processos de genocídio cultural e de depopulação genocida da América indígena, uma entidade étnica nova nasce e cresce lenta mas firmemente. Surge, de início, como uma espécie de bicheira ou de câncer implantado parasitariamente nas comunidades indígenas para tirar vida de sua morte.

Falo dos implantes civilizatórios. Aqui e ali, nas praias do Atlântico e do Pacífico e depois subindo os rios pelo interior adentro, eles foram se fixando. Primeiro, como feitorias de trocar bugigangas por paus-de-tinta. Depois, como bases corsárias de onde partiram os bandos de salteadores para o saqueio das riquezas do México e do Peru. Finalmente, como protocélulas de uma nova formação econômico-social, articulada com o mercado mundial para a produção de gêneros tropicais de exportação ou a exploração de outros recursos do Novo Mundo.

Partindo do nada em 1500, esses núcleos brancoides alcançam 6 milhões em 1825, saltam depois para 60 milhões em 1950 e ameaçam alcançar nada menos que 200 milhões no fim do milênio. Como tanto branco pode nascer dos pouquíssimos que vieram para cá no período colonial só se explica, de um lado, pelo fato de que aquilo que chamamos de "brancos" latino-americanos são na verdade mestiços com mais sangue indígena do que europeu. É certo, por outro lado, que após a independência, alguns países da América Latina sofreram a invasão de um verdadeiro alude imigratório de brancos europeus que vieram engrossar as fileiras da branquitude. Exceto na Argentina e no Uruguai, por toda parte eles encontraram já populações mestiças tão numerosas que não puderam mudar suas características raciais básicas.

TRANSMUTAÇÃO DEMOGRÁFICA PROVÁVEL DA AMÉRICA LATINA

	1500	1825	1950	2000
Índios	100	7	15	30
Brancos	–	6	60	200
Negros	–	6	15	70
Mestiços	–	7	70	300
TOTAIS	100	26	160	600

O incremento do grupo brancoide revela-se ainda mais surpreendente quando se compara com o desenvolvimento das populações negras. Partindo dos mesmos 6 milhões em 1825, os negros apenas alcançaram 15 milhões em 1950 e prometem chegar a apenas 70 milhões no ano 2000, se é que prosseguem as tendências demogenéticas atuais. Estas diferenças assinalam fundamentalmente, por um lado, a dureza da escravidão e, por outro lado, a condição privilegiada do contingente brancoide.

O crescimento realmente espantoso da população latino-americana é o que se dá com os mestiços. Eles, de apenas 7 milhões em 1825 passam a 70 milhões em 1950 e crescem tão rapidamente que bem podem alcançar 300 milhões no ano 2000. Então os mestiços serão mais da metade da população da América Latina. Aquela metade que lhe dará sua feição característica de um povo que concentra em seus genes o patrimônio de qualidades e de taras de todas as raças de homens.

A julgar pelos mestiços e mulatos que se veem pelas praias do Rio de Janeiro, por exemplo, serão das gentes mais belas do mundo. Também podem ser feíssimos se se julgar pela gente das áreas miseráveis do Brasil ou de toda a América Latina, com suas populações famélicas, enfermas, desgastadas e precocemente envelhecidas. As grandes diferenças raciais que hoje se observam em nosso mundo latino-americano são as que separam e opõem os membros das raças que comeram durante uma ou duas gerações, esplendorosos todos, dos pobres-diabos que ainda não comeram: feios, macilentos, banguelas e tristes.

VICISSITUDES ANTIUTÓPICAS

Uma característica singular da América Latina é sua condição de um conjunto de povos intencionalmente constituídos por atos e vontades alheios a eles mesmos. Atos germinais efetuados dentro de programas que, se não foram sempre previamente prescritos, se desdobraram dentro da máxima racionalidade. Nada se deixou ao acaso. As cidades foram plantadas em lugares criteriosamente escolhidos e construídas segundo plantas detalhadas para cumprirem funções preestabelecidas. A exploração de recursos ou a implantação de novas formas de produção se exerceram sempre segundo regulamentações explícitas.

Nesta ordenação exaustiva, a única coisa que, embora muito regulada legalmente, nunca preocupou de fato aos governantes, foi o destino da população original, que aqui se encontrou e a que ela sucedeu, totalmente refeita. O povo sempre foi, nesse mundo nosso, uma mera força de trabalho, um meio de produção, primeiro escravo; depois assalariado; sempre avassalado. Suas aspirações, desejos e interesses nunca entraram na preocupação dos formuladores dos projetos nacionais, que só têm olhos para a prosperidade dos ricos.

De outros povos se pode dizer, talvez, que resultaram, em sua forma presente, do desenvolvimento de suas potencialidades, tal como ele se processou espontaneamente no curso da história. Nós, não. Somos a resultante de empreendimentos econômicos exógenos que visavam a saquear riquezas, explorar minas ou promover a produção de bens exportáveis, sempre com o objetivo de gerar lucros pecuniários. Se destas operações surgiram novas comunidades humanas, isto foi uma resultante ocasional, não esperada e até indesejada. Nascemos, de fato, pela acumulação de crioulos mestiçados racial e culturalmente, que se multiplicaram como uma espécie de rejeito ou de excesso. Um dia essa mestiçaria foi chamada a virar um povo, quando uns nativos ricos decidiram que constituíam um povo-nação que queria a independência. Naturalmente suas repúblicas se organizaram prescindindo do concurso do populacho. Ainda hoje, século e meio depois, seus sucessores encastelados no poder acham que o povo não está preparado para o exercício da cidadania.

Nunca chegamos a ser nações organizadas como quadros dentro dos quais o povo vive seu destino, realizando suas potencialidades, à base de um corpo de direitos coparticipados. O povo, primeiro, era o gentio pagão que só existia como matéria-prima para ser transformado em alguma coisa mais pia pelos missionários e mais útil pelos colonos. Depois, foi a negraria escrava importada como uma força energética que se queimava como um carvão humano nas minas e nas plantações para produzir o que não comiam nem queriam, mas sim o que dava lucro ao amo e senhor. Hoje, é a massa excessiva de gentes escuras, mestiços de índios e de pretos, meio envergonhados de suas caras tão contrastantes com os padrões europeus de beleza e dignidade.

Eles aí estão sempre disponíveis como uma força de trabalho que é o componente mais reles da produção, porque, sendo mais barato do que a terra, o gado, as máquinas e os insumos, nem precisa ser poupado. De fato, até valia mais antigamente, quando era escasso e tinha que ser caçado no mato, transladado da África ou importado como imigrante, ou quando os europeus excedentários se converteram também em gado humano exportável.

O povão latino-americano tanto se multiplicou que hoje excede, visivelmente, às necessidades da produção. Começa mesmo a causar preocupações.

Que fazer de tanta gente desnecessária? Se alguém quisesse importá-la, nossos governos forneceriam de graça e ainda subsidiariam a operação. Lamentavelmente, ninguém nos quer. Tratou-se, laboriosamente, com copiosa assistência internacional, de sustar seu incremento impetuoso, seja distribuindo pílulas, seja instalando nas donas mais pobres e morenas assassinos aparelhos anticonceptivos. Amanhã tentarão talvez a castração dos machos e a esterilização das fêmeas.

A presença e as aspirações singelas deste povo todo que deseja ter, cada qual, seu emprego certo, comer todo dia, fazer um curso primário completo, ser tratado nas doenças graves e de aposentar-se aos 70 anos, excedem tanto as possibilidades do sistema que já não deixam muita gente dormir. Não há nenhuma possibilidade, nem nos horizontes mais longínquos de desenvolvimento da América Latina tal como ele se dá agora pela rota do subdesenvolvimento, de concretizar esta singela utopia, em qualquer tempo previsível.

A pergunta que se coloca, nesta altura, é a que nos explique por que exatamente os povos das Américas, que foram os mais ricos e os mais cultos do passado – que éramos nós –, estamos hoje tão mergulhados no atraso? E por que, ao contrário, povos mais chucros e mais pobres de ontem, que só contavam com singelas igrejas de tábuas e uma economia artesanal autossuficiente – que eram os norte-americanos – passaram tanto à nossa frente?

A resposta está, provavelmente, no tipo de sociedade que lá e cá se construiu. Isso se comprova, inclusive, olhando para o sul escravista dos Estados Unidos. Seu pendor de ser uma sociedade subdesenvolvida, atrasada e desigualitária era tão veemente que foi necessária a Guerra de Secessão para impedi-los de determinar o estilo de vida e o modo de organização da sociedade global.

Com efeito, os metais preciosos retirados da América Latina multiplicaram várias vezes a existência de ouro e de prata no mundo. As exportações de açúcar foram o produto mais rico e lucrativo do mercado mundial até a Primeira Guerra, quando foram superadas pelo petróleo. A enorme riqueza destes e de dezenas de outros produtos, amassada à custa do desgaste de milhões de escravos índios e negros, deixou aqui, além dos buracos das minas, duas contribuições importantes. Uma, muito abalada, que são as implantações civilizatórias de que tanto nos orgulhamos: fortalezas portentosas, suntuosas igrejas barrocas, coloniais, que fazem o esplendor do México, do Recife, da Bahia, do Rio de Janeiro, de Ouro Preto, de Lima ou de Quito. Os Estados Unidos nunca tiveram nada de tão brilhante e civilizado. O outro resultado, este muito menos apreciado, é o nosso povão amulatado de negritudes e mestiçado de indianidade, que constitui hoje um dos maiores núcleos populacionais do mundo. Para quê?

CIVILIZAÇÃO E DESENVOLVIMENTO

Dizem as más línguas que estamos condenados a ser, para sempre, os povos do futuro. Será?

De fato, hoje por hoje, nosso bloco latino-americano tem expressão principalmente por sua tonelagem humana: 400 milhões de pessoas quanto pesarão?

É também notória a imensidade do nosso território continental, e sua extraordinária riqueza. Esta, aliás muito mais útil a outros povos do que a nós.

É também evidente que constituímos as maiores nações latinas. O Brasil, somente, é mais populoso que a França e a Itália juntas. Ocorre, porém, que mais da metade dos brasileiros – vivendo, embora, num país enorme onde se plantando tudo dá – se não tem fome todo dia, a tem toda semana. Somam no nosso país dezenas de milhões as crianças sem escola e outros tantos os menores abandonados à sua sorte – má sorte. Estamos graduando, neste momento, uns 30 milhões de analfabetos adultos, para inaugurar e exibir no ano 2000. Que vale, nestas circunstâncias, tão vultosa romanidade?

Comparados com os grandes contingentes mundiais de povos – os eslavos, os anglo-germânicos, os muçulmanos, os indianos, os chineses –, ressaltam, além de nosso espantoso e apavorante montante populacional, a nossa admirável homogeneidade linguística e cultural.

Com efeito, somos 400 milhões de falantes de duas variantes subdialetais (o português e o espanhol) mutuamente inteligíveis de uma mesma língua. Cem quilômetros ao redor de Madri ou de Lisboa se encontram maiores variações dialetais que no castelhano ou no lusitano do continente latino-americano. Temos, essencialmente, o mesmo corpo de hábitos e costumes que é uma variante da versão ibérica da cultura mediterrânea europeia. É verdade que recheada de componentes culturais e genéticos índios e negros de quem herdamos múltiplos sabores, saberes, sensibilidades, musicalidades, ritmos e pendores.

Contrastamos também com aqueles blocos por algumas virtudes morais remarcadas. A mais preciosa delas, herdada da matriz negra, é uma alegria de viver que não me canso de ver sem espanto. Quem quiser pode vir vê-la estrugir, seja no carnaval do Rio de Janeiro, na Festa de Iemanjá da Bahia, nas folias dos dias dos mortos no México ou nos grupos de dança de qualquer cidade negra latino-americana. Estes nossos descendentes de escravos bailam e cantam e riem e brincam com uma criatividade e um gozo incomparáveis.

Herdamos também, dos índios talvez, outra virtude que é uma predisposição à vida solidária que viceja natural e frondosa onde quer que não surja um patrão branco monopolizando a terra e escravizando a gente.

Aquela alegria e esta sociabilidade contrastam cruamente com a tristeza habitual da casta senhorial e, sobretudo, com sua perversidade. Não sei de países em que a distância social entre ricos e pobres seja tão abismal como os nossos, nem onde as relações humanas chegam a ser tão desumanas e infranqueáveis. Isso se explica, certamente, pela herança da escravidão. Afinal, fomos os últimos países do mundo a abolir o escravismo.

Classes sociais formadas secularmente debaixo da escravidão são quase castas. O escravo ainda se salva porque, condenado a lutar pela própria liberdade, só por isso se dignifica e solidariza com os companheiros. O senhor, ao contrário, condenado ao triste ofício de tirar do escravo lucro que ele pode dar suando – eles duravam, em média, sete a dez anos no eito das plantações e das minas – cria um cascarão de boçalidade e dureza que o torna insensível ao padecimento alheio.

O contraste entre o trato cordial e ameno que se dão os patrões quando estão entre seus pares e a bruteza com que tratam os subalternos só tem paralelo no seu apreço pelos bens materiais e no seu desapreço pela pessoa humana. Qualquer latino-americano sabe que a doença de um touro numa fazenda é motivo de enorme preocupação da vaqueirada.

– Atenção, gente, é o touro do patrão! Vamos logo atrás do veterinário. Se não vier, tragam um médico, um farmacêutico.

Sabem perfeitamente também que qualquer enfermidade da mulher ou do filho do vaqueiro é assunto reles demais para preocupar; trata-se com chá caseiro de folhas milagrosas.

PERPLEXIDADES BOLIVIANAS

Bolívar, lutando para tirar a América Latina do jugo espanhol, se perguntava que povo era aquele que se libertava.

– Quem somos nós? Não somos europeus, nem somos índios. Somos uma espécie intermédia entre o aborígine e o espanhol.

A perplexidade do herói ecoa até hoje. Todos nós, intelectuais latino-americanos, somos uns zés aflitos na busca de nossa identidade.

– Quem fomos? Quem somos? Quem seremos?

Distingo nas Américas quatro configurações histórico-culturais de povos, nitidamente diferenciados por seus respectivos processos de formação. Os *povos-testemunho*, resultantes do choque do invasor europeu com as altas civilizações asteca, maia e incaica, nos quais jamais se deu uma síntese viável entre a indianidade sobrevivente e os crioulos hispânicos. Os *povos-novos*, feitos pela confluência de índios tribais, negros escravos e brancos ibéricos aliciados nas plantações tropicais, para exploração de produtos florestais ou de minas e metais preciosos, que deram lugar a um ente étnico inteiramente novo, profundamente diferenciado de suas três matrizes e que ainda anda em busca de sua identidade. São povos que, não tendo passado de que se orgulhar, só servem para o futuro. *Povos-transplantados*, como a América saxônica e o Canadá, que são meras implantações europeias em terras americanas, tal como o são também a Austrália e a Nova Zelândia. Nesta categoria, situo também a Argentina e o Uruguai que, apesar de constituídos originalmente com *povos-novos*, foram depois transfigurados pela enormidade da avalanche imigratória que sofreram. Finalmente, os *povos-emergentes*, que são os indigentes que começam a se alçar no seio dos *povos-testemunho*, aspirando à autonomia nacional.

A cada uma destas configurações corresponderam modos diferentes de fazimento da população e da nacionalidade. Nós brasileiros, por exemplo, enquanto *povo novo* – tal como os venezuelanos, colombianos, cubanos, etc., etc. –, surgimos dos mestiços prensados por pais brancos nos ventres de índias, querendo identificar-se com o pai e sendo rechaçados. Crescendo, fomos ser bandeirantes paulistas matadores do gentio materno. Por isso é que um jesuíta maldoso nos chamou de *mamelucos*, lembrando aqueles meninos roubados nas áreas de dominação islâmica que cresciam nos criatórios de gentes para serem,

Civilização e Desenvolvimento • 75

segundo seus talentos, eunucos, janízaros, cipaios ou mamelucos. Quer dizer, serviçais opressores de seus povos.

Por séculos só falamos uma língua geral criada, mal pronunciando o tupi com bocas portuguesas. Sobrevivemos porque aprendemos a viver aqui com os índios, tirando o sustento dos roçados de plantas que deles recebemos: mandioca, milho, amendoim, tabaco e muito mais. Como índios é que caçamos, pescamos e fazemos choças. Com nomes índios é que chamamos as coisas da terra e do céu.

Depois que começou a chegar a negrada, os mamelucos ganharam uma função adicional: a de vigiar escravo fujão, doido para cair num quilombo e, simultaneamente, a de cruzar com eles. Esses negros, aliás, é que impuseram o português no Brasil como língua materna. Um português aprendido ao som dos berros dos capatazes que eles adoçaram com suas bocas afras. Com efeito, onde o negro não chegou o povo continuou por séculos falando tupi.

A civilização para os negros escravizados representou a saída de suas comunidades tribais igualitárias, onde eram pessoas, para se verem convertidos em coisas como bens semoventes. Assimilados à alimária, tinham o trato ou maltrato que o dono lhes quisesse dar. Civilização para eles foi a animalização nos quilombos imundos, onde aprenderam a realizar as tarefas da produção mercantil debaixo da pedagogia do chicote. Trabalhavam de sol a sol, a semana inteira para enricar o senhor, e ainda no domingo, em sua própria rocinha, para ter o que comer. Como o senhor nunca juntava negros da mesma língua para evitar motins, eles tinham de falar uns com os outros na língua do amo. Assim, lentissimamente, se reumanizaram, ganhando fala, ser e entendimento. Outro ser. Mas um ser já suficientemente situado no novo mundo para ousar fugir pro mato e lá refazer o comunismo primitivo dos quilombos. Às guerras de extermínio dos índios, os neolusitanos, agora brasileiros, tiveram de somar outra, também secular, de subjugação dos negros alçados.

Este sistema feroz pôde funcionar graças ao ingresso permanente de mais negros, tal era a mortalidade que custava. Para isso, os europeus montaram as primeiras empresas multinacionais modernas reunindo capitais e empresariados ingleses, holandeses, franceses e até ibéricos que compuseram máquinas prodigiosas de caçar negros na África, embarcá-los em tumbeiros para atravessar o Atlântico e vender na América Latina. Nesta operação capitalista de acumulação original, dezenas de milhares de negros foram mortos ou escravizados.

Tarefa hercúlea como nenhuma outra. Lucrativíssima. Os empresários brancos que compravam os negros para fazê-los produzir aqui pagavam por eles mais da metade do valor da sua produção. Escravo rendia, mas era combustível caro.

As mulheres negras eram tão poucas – uma talvez para cada três homens – que nunca sobrou preta para negro cobrir. Enquanto comíveis, eram prenhadas é pelo patrão velho e pelo senhorzinho, depois pelo capataz, depois pelo primeiro oficial etc. Deles pariram mulatinhos risonhos que engrossavam a escravaria do senhor. Esses frutos da terra ganharam logo muita má fama como escravos fujões, mulatos pernósticos, desrespeitadores, insuportáveis, que não sabiam se pôr em seu lugar. Ainda são muito malvistos.

Muito diferente foi o processo formativo dos *povos-testemunho* – como os mexicanos, os guatemaltecos, os peruanos, os bolivianos, os equatorianos –, pelo drama de sua ambiguidade essencial. Sendo altas civilizações, servidas de cidades com nobrezas e sacerdócios, exércitos e burocracias, se viram logo subjugadas pelos europeus que tomaram as cidades, derrubaram os templos, degolaram os nobres, derrotaram os exércitos e puseram a seu serviço as burocracias para dominar o povo índio avassalado.

Deu-se aí a mesma mestiçagem prodigiosa de pouquíssimos europeus com a multidão de índias cativas. Mas estes mestiços – por contraste, mais ocidentalizados – se isolam nas cidades e vilas, sempre diferenciados da indiada que permanecia no seu mundo, como um campesinato que perdeu suas cabeças citadinas. Era principalmente uma fonte, aparentemente inesgotável, de mão de obra para todos os fazimentos que os crioulos requeriam.

Aproveitando a crise napoleônica europeia, os mais claros e sabidos desses crioulos, orgulhosíssimos de não serem índios, decidem fazer a independência. Eram movidos tanto pelo amor à liberdade, como pela curiosidade de experimentar novas formas de governo; mas, sobretudo, pelo desejo de acesso aos altos cargos da administração do Estado, de embaixadores, de generais, de magistrados, de financistas, de empreiteiros. Madri muda-se assim para a cidade do México, da Guatemala, de Lima, de Quito e La Paz para continuar exercendo, dali, sua função civilizatória sobre a indiada que teimava em continuar índia, apesar da vil tristeza da vida que tinham como índios de uma civilização alheia.

A FAÇANHA EUROPEIA

O êxito econômico espantoso do empreendimento latino-americano – que foi, seguramente, o conjunto de empresas mais próspero do mundo de 1550 a 1800 – desencadeou um processo civilizatório no curso do qual se multiplicarão enormemente as implantações daquelas comunidades desumanas de escravos índios e negros e seus mestiços produtores de ouro, prata, açúcar, algodão, café etc., etc., etc.

Seu desenvolvimento se dá através de três processos de sucessão ecológica e de transfiguração étnica nada menos que espantosos. Primeiro, a população americana original de 100 milhões de índios é substituída ao fim da dominação colonial por um amontoado de 100 milhões de brancos, negros e mestiços.

Surpreendentemente, a economia original comunitária, voltada para a reprodução ampliada das condições de existência da própria população e que sempre garantiu a fartura, dá lugar a uma economia tresloucada de comunidades famélicas que produzem eficientissimamente o que não comem, nem usam, para enriquecer seus amos ibéricos ou crioulos.

O terceiro processo de sucessão ecológica que se dá após a independência é o da transmutação daquele molde latino-americano original, fundido nos séculos do domínio colonial, através de sua conversão em nacionalidades, sua modernização e branquização.

Os crioulos mais abonados que sempre se quiseram identificar, em vão, com os metropolitanos ibéricos, de repente se aperceberam que eram outra coisa, talvez até coisa melhor. Rapidamente se diferenciaram, assumindo novas identidades étnicas, orgulhosos delas. Uns passaram a ser e a chamar-se brasileiros (cortadores de pau-de-tinta) outros, argentinos (gente prateada), cubanos (das cubas de açúcar); outros ainda quiseram ser, elegantemente, equatorianos (pelo paralelo solar); quando não onomasticamente, bolivianos (de Bolívar), Colombianos (de Colombo); mas todos americanos (de Vespúcio, o usurpador) e neolatinos.

Uma nova América Latina surge, assim, como a grande façanha ultramarina europeia, para seguir cumprindo seu velho papel de provedora de toda riqueza e toda gostosura tropical que pudesse produzir, juntamente com lucros que enriquecessem cada geração de patrões nativos e estrangeiros.

Depois, para o exercício da função adicional de acolher os milhões de pobretões europeus, marginalizados pela modernização capitalista. Inicialmente vieram franceses, depois italianos, alemães, polacos etc., etc.; afinal até japoneses, indianos, chineses. Eles vêm saciar a fome de mão de obra das plantações tropicais. Aqui introduzem o assalariado capitalista.

Os imigrantes brancos cumprem duas funções adicionais, a de agentes ativos de modernização e de europeizados e branqueadores. Nas áreas onde mais se concentraram, encontrando uma população mais rala – Argentina e Uruguai –, chegaram a mudar o caráter da configuração, transformando-os de *povos-novos* em *povos-testemunho*.

Esta massa imigratória tinha como aspiração mais alta conseguir um lote de terras para plantar sua casa e sua roça, como alcançaram tantos dos europeus que foram para a América do Norte. Não as recebem jamais. A América Latina, afinal, não é nenhuma colônia de faroeste, regida por *homesteads*. Aqui a terra está toda sagazmente monopolizada numas poucas mãos, não para ser usada, porque é demais, mas para enobrecer, especular e, principalmente, obrigar a mão de obra a sair de uma fazenda e cair em outra fazenda igual.

Não gostando disso, a massa de imigrantes foi se urbanizando rapidamente, do que resultou tanto um proletariado moderno com pendores anarquistas como o crescimento espantoso das metrópoles latino-americanas. México, São Paulo, Buenos Aires e Rio são, cada uma delas, duas ou três vezes maiores do que Paris ou Roma, ainda que tenham dez vezes menos instalações e serviços urbanos essenciais. Incharam.

TEORIAS DO ATRASO E DO PROGRESSO

Através das décadas e dos séculos, o patronato latino-americano se consolou com a sábia ideia de que o subdesenvolvimento de seus países tinha uma explicação evidente em fatores naturais e imutáveis. A causa estaria no clima tropical, insofrível, e na descontrolada mestiçagem com raças inferiores, inaptas para civilização.

– Essa mulataria tropical só quer sombra e água fresca.

Sem questionar essas consoladoras razões causais, acresciam a elas outras vicissitudes. A religião católica, tão imprópria ao progresso.

– Tanta igreja suntuosa. Tanta missa. Tanta confissão e comunhão. Tanto latim...

Outra infelicidade latino-americana seria a herança ibérica que trouxera para cá a indolência e a intolerância desses povos exóticos lá dos confins do Mediterrâneo, mais africanos que europeus.

– Outro seria nosso destino, se não expulsassem os holandeses e os franceses que tanto nos quiseram colonizar.

Confiava-se, entretanto, em que o esforço e a laboriosidade dos empresários empenhados em promover o progresso latino-americano a qualquer custo, com o tempo, superaria tantos fatores adversos.

– Afinal, somos países jovens, futurosos.

A educação e o saneamento, junto com uma boa acumulação capitalista, preparam o dia da prosperidade geral.

– Então, as rendas poderão ser mais distribuídas, em justos salários, porque o povo já saberá gastar em coisas úteis, em vez de tudo dissipar em carnavais.

Ultimamente, a doce consolação que as classes dominantes e seus letrados tiravam desse discurso foi perturbada por uns chatos. Começou-se a duvidar de que fosse tão verdadeiro.

– O trópico é ou não é o melhor lugar pra gente humana viver? Nascendo nuelos, só em países tropicais nós homens podíamos surgir.

Outros demonstraram, depois, que quem trabalha mesmo de sol a sol em nossos países, edificando quanto se construiu, cultivando tudo que se plantou para exportar, fabricando quanto se fabricou, é só preto, mestiço e branco pobre que, afinal, é a mesma coisa.

As outras causas e culpas do atraso foram sendo também desmoralizadas. Umas, olhando para a França católica que não parece propriamente subdesenvolvida. Outras, visitando o batavo Suriname ou a gala Caiena que não maravilhavam ninguém. O final das consolações se deu quando um espírito de porco descobriu que a América do Norte é cem anos mais jovem que nós, entretanto...

Caiu-se, desde então, na suspeita subversiva de que a culpa causal de atraso tamanho, não sendo atribuível aos feios e aos pobres e ignorantes, bem pode residir nos ricos, bonitos e educados. Os projetos de ordenação das nossas sociedades nacionais que eles formularam, regeram e regem desde sempre e que sempre foram tão gratificantes e lucrativos para eles, talvez sejam a causa do atraso. Essencialmente sua incapacidade de promover uma prosperidade que atinja a população trabalhadora. Economias nacionais voltadas para fora, convertendo o povo num proletariado externo das nações ricas, fazem dele o que é todo povo colonizado e dependente: uma merda.

Mas tudo é relativo. A classe dominante colonial que estruturou nossas economias de exportação, não se consolando nunca de seus povos serem tão mestiçados, tão indolentes e sem ambição, era uma maravilha diante da nova classe que surgiu com a independência. Esta, tanto se atrelou a interesses e ideias estrangeiras, primeiro inglesas, depois norte-americanas, e tanto se cevou em subornos e propinas que converteu a América Latina num conjunto de colônias atípicas. Funcionando, de fato, como colônias, se engabelaram com a ideia de que eram nações livres macaqueando parlamentos de mentira. Estes só serviram, de fato, foi para promulgar leis antipopulares e reacionárias, consagrando a riqueza dos ricos e a pobreza dos pobres.

Este empresariado tem, porém, a seu crédito, a façanha de ter promovido uma relevante modernização reflexa de seus países, implantando ferrovias, importando caminhões e iluminando cidades, tudo para os tornar ainda mais eficazes no seu papel tradicional de provedores no mercado mundial. Seus propósitos mais ambiciosos foram o de lavar o cérebro da população nativa através de programas educacionais – o que não pôde ser concretizado porque já havia gente demais – e o de levar-lhes o sangue, através da importação de reprodutores brancos. Isto se fez, ao menos no Cone Sul. No Sul do Brasil se tentou, afanosamente, com grande entusiasmo do imperador e do embaixador francês, mas era mulato e índio demais para branquear...

Outra vez caímos em exagero por incapacidade de relativizar. De fato, pior ainda que aqueles aprendizes do capitalismo dependente é a classe dominante atual da América Latina. Seu setor predominante é, hoje, o estamento formado pelos gerentes das empresas multinacionais que abocanharam mais da metade das empresas privadas. Cada vez que um porta-voz da Volkswagen, da Toshiba ou da Ford tosse, os ministros saltam sôfregos, pressurosos, oferecendo lenços para receberem o catarro dos espirros.

Se os patronatos nativos coloniais e consulares organizaram nossos países para seu próprio enriquecimento e gozo, estes gerentes e a tecnoburocracia que lhes sucederam os reorganizam, ainda mais eficazmente, para o lucro de suas matrizes. Agora, em lugar de locomotivas e motores importados, implantam aqui fábricas de automóveis, de televisões, de remédios, cigarros, cosméticos, refrigerantes e até de computadores, promovendo uma nova onda de modernização que nos torna cada vez mais modernos e dependentes. Trabalham afanosamente, quase afoitos, na certeza de que precisam tirar o máximo de nossos países porque espoliação tão desavergonhada não pode durar.

CONSCIÊNCIA ALIENADA

Mais ainda que países da utopia, nós somos o reino do desarraigo. Comecemos por nossa louca geografia. Conversando com um chileno, um peruano ou com um cidadão de qualquer país da costa do Pacífico, se verifica facilmente que para ele o que seu país tem pela frente é a Europa atlântica ou a América saxônica. Abstrai totalmente o fato de que para ir à Europa, ele tem de rodear o Estreito de Magalhães lá embaixo, ou atravessar o Canal do Panamá, lá em cima. Se algum malvado lhes diz que eles vivem é cara a cara com a China e o Japão, os pobres se assustam demais.

Nós, da costa Atlântica, que moramos face a face com a África de onde vieram tantíssimos de nossos patrícios, apagamos com igual zelo este fato de nossas mentes. Somos vizinhos é da França ou da América. América, aliás, é para todo latino-americano só a lá do Norte. Nós nos concebemos, de fato, é como uma espécie de subúrbio do mundo. Uma área marginal, periférica, posta de cabeça pra baixo na calota de baixo da Terra para sofrer. Exagero, certamente.

Na América do Sul, o Brasil faz uma fronteira terrestre de 15 mil quilômetros com outros países. Como ela corre, deserta, na montanha ou na floresta impenetrada uma vez que só temos uns poucos pontos de contato –, é como se pertencêssemos a continentes diferentes. Cada país latino-americano, insciente de seu contexto – exceto para tricas e futricas ou para a troca de peças das respectivas fábricas das multinacionais – se relaciona diretamente é com o Centro. Ainda que este seja tão descentrado com as metrópoles que olhamos, pasmados: Paris, Londres, Moscou, Pequim, Berlim, Nova York, Tóquio.

Falo, evidentemente, é da visão do mundo das classes afortunadas, cultas. O povo mal sabe de que país é. Sua pátria verdadeira é a patriazinha do quarteirão rural onde nasceu e onde vive; ou o vasto mundo estranho e inóspito das estradas em que transita de fazenda a fazenda, servindo a seus patrões.

Outra alienação latino-americana bem típica é nosso jeito de povo que chegou aqui ontem e ainda não conhece a terra onde mora. Enquanto um índio sabe o nome, o uso e o mistério de cada animal e planta e pedra e terra e nuvem, para nós latino-americanos tudo é bicho ou pé-de-pau ou coisa. Somos, culturalmente, uma espécie de povos tábua rasa, desculturados dos saberes e das artes tão elaboradas de nossas matrizes indígenas, africanas, europeias. Ao nos civilizarmos, ficamos parvos. Perdendo a cara e o ser que tínhamos, viramos uma pobre coisa que só lentissimamente se vem refazendo pelo cruzamento sincrético de tradições alheias. Quando elas se cristalizavam numa cultura popular vivente, surgiram o rádio e a televisão que tudo querem converter em folclore e matar para difundir o iê-iê-iê. Mas resistimos. Até quando?

Não se precipite, leitor, em face de nossa pobreza, envaidecendo-se de ser civilizadíssimo e servido por bens culturais admiráveis. Assim é, efetivamente. Mas eu prefiro nossa pobreza inaugural à sua opulência terminal, de quem já acabou de fazer o que tinha a fazer no mundo e, agora, usufrui o criado. Nós temos todo um mundo a refazer. Eu mesmo – morra de inveja! – andei num rio caudaloso que ainda não tinha sido mapeado. Fui o primeiro a conviver e estudar os *kaapor*, um povo que parecia saindo ainda fresco das mãos do Criador. Nossa tarefa não é usufruir riquezas terrenais acumuladas em museus e institutos culturais. É fazer o melhor possível para se viver o mundo que há de ser.

Também no tempo, nós latino-americanos não nos situamos direito. Para um norte-americano houve, antes do capitalismo, um feudalismo que ele viveu na Inglaterra. Antes, um escravismo de quando os romanos mandavam lá. Houve até algum tribalismo canibal dos seus avós germanos, documentado por Tácito.

Para nós, não. Assim como o passado do mundo não foi nosso passado, o seu presente não é nosso futuro. Somos evolutivamente de outro fuso temporal. Para nós, qualquer revolução burguesa de liberação das peias feudais, a fim de ensejar o surgimento de um empresariado Schumpeteriano, seria tardio. Já nascemos capitalistas, produzindo mercadorias com mão de obra escrava em grandes empresas agromercantis exportadoras. A revolução socialista para nós foi uma tarefa precoce, porque cada bando de negro fugido do nosso escravismo capitalista recaía no comunismo primitivo; e cada campesinato alçado do capitalismo dependente refunda a comunidade solidária e nela vive feliz até que a polícia venha acabar com a festa.

Tão fora dos tempos evolutivos vivemos, que Fidel e Che só fizeram uma revolução socialista em Cuba por ignorância. Se fossem lidos de marxismo, saberiam que a etapa cubana era ainda a democrático-burguesa.

EUROCENTRISMOS

No patrimônio cultural que herdamos da Europa se destacam três contrabandos ideológicos, pelos imensos danos que nos causaram. O primeiro deles, nossa herança hedionda, foi desde sempre e ainda é o racismo como a arma principal do arsenal ideológico europeu de dominação colonial.

Atribuindo-se o papel de agente civilizador, o europeu passou a representar o mundo de fora como habitado por sub-raças que eles eram chamados a regenerar. O ardil é tão terrível e sutil que cada negro e cada índio e seus mestiços desculturados por europeus tanto metem dentro de sua própria consciência a ideia de sua feiura e inferioridade inatas que sofrem terrivelmente por ter a cara que têm. Uns, inocentes, ainda sofrem, coitados.

Frente à evidência incontestável da esbeltez, da vivacidade e do vigor de nossos mulatos e mestiços, os teóricos da superioridade brancoide estiveram dizendo por séculos que eles não eram mais do que mulas humanas e como tal, além de infecundos, incapazes de civilização. Mesmo frente à beleza e à graça incomparáveis da mulher negra e morena, primava o vezo de tratá-las como indignas tanto por sua ancestralidade servil como, e principalmente, pela ideia de que estavam indelevelmente impregnadas da cor e da marca de raças inferiores.

O racismo latino-americano é, como se vê, fruto europeu de exportação que, transplantado aqui, vicejou que foi um horror. O nosso só tem de típico frente ao racismo saxônico seu caráter assimilacionista e caldeador. Só se admite o índio e o negro como matéria-prima pra fazer mais mestiços que melhorem sempre mais pelo esbranquiçamento, até virarem brancos totais. É, ainda aqui, o ideal europeu da branquitude que opera como motivador. O preconceito saxão, ao contrário, não quer saber de mestiçagem nenhuma. Detesta mulatos como encarnações vivas dos feios pecados da sexualidade inter-racial.

Se o nosso conduz à confluência, o deles conduz à intolerância e ao apartamento. No mundo latino-americano, um mulato claro já é branco, principalmente se for rico. Neste caso, mesmo preto é tido e tratado quase como branco. O deles quer ver e reter como negro e inferior quem tenha sequer uma gota de sangue negro ou índio. Ambos são preconceitos detestáveis, mas o deles é ainda pior.

O segundo contrabando ideológico do eurocentrismo se refere à suposta qualidade diferencial da civilização ocidental, que seria sua criatividade. Esta visão faz figurar como intrinsecamente europeus os avanços materiais da civilização. De fato, eles são criações culturais humanas, alcançadas no curso da evolução pela exploração das limitadas potencialidades do mundo material. Ao surgirem, ocasionalmente na Europa, se impregnaram, porém, de europeidade. Daí o equívoco de considerar que fontes de energia, processos mecânicos ou técnicas possam ser tidos como inerentes a uma civilização.

Esta ideia é tão idiota como a de se achar que a gasolina é cristã ou que a eletricidade é inglesa. Elas são conquistas da evolução humana, adotáveis por qualquer sociedade que viva a nível de civilização. Podem, inclusive, fortalecer sua autonomia cultural e defender sua identidade étnica. Isto só não ocorre quando estes bens ingressam como mercadoria dentro do sistema imperialista de intercâmbio desigual, montados para explorar e subjugar um povo. A tecnificação do sistema produtivo chinês já não os está ocidentalizando. Ao contrário, está é lhes dando condições de lavar-se das impregnações europeias para serem mais majestosamente chineses.

Outro vezo etnocêntrico, este mais vetusto, é o de olhar como um caso de benignidade humanística a expansão de cristandade. Na forma salvacionista e cruzada que ela assumiu nas Américas, tanto na sua vertente católica como na protestante, cristianizar significou sempre subjugar povos a ferro e fogo, com a perseguição e destruição implacável de toda a religiosidade anterior e a construção sobre ela de portentosos aparatos físicos e espirituais de afirmação de igrejas triunfantes.

Não tem paralelo o furor intolerante desta cristandade messiânica. Ela contrasta gritantemente com os panteões greco-romanos, tão propícios à assimilação de deuses alheios. Contrasta flagrantemente até com os próprios *chihad* muçulmanos. Uma vez completada a conquista, o Islã nunca se preocupou em converter os infiéis, o que queria deles eram impostos.

Só recentemente, com João XXIII, a Igreja Católica começou a entregar--se a exames de consciência sobre sua servidão aos ricos, seu reacionarismo e seu papel etnocida, lamentando lamuriosamente tão feios pecados. Os protestantes, ao contrário, persistem inscientes em seu triste papel de agentes da ocidentalização. São tão infiéis aos povos que doutrinam que chegam às vezes às raias do genocídio. Veem, por exemplo, terras de índios sendo usurpadas sem mover uma palha, seja para não desgostar o governo, seja para não desagradar aos fazendeiros.

ABRA OS OLHOS, LEITOR

É tempo já de se lavar os olhos do mundo para ensiná-lo a nos ver no que nós somos, sem nos esconder atrás de estereótipos. A ideia de uma América Latina da *siesta* e da *fiesta*, do machismo, dos ditadores vocacionais, da *sombra e água fresca* e de uma indolência doentia, tem a mesma função do racismo. É escamotear a realidade da dominação colonial e classista.

Mais horas de descanso para o almoço eu vi na Holanda ou na Itália do que vejo aqui. A larga e afrodisíaca festa europeia das férias de verão não tem, lamentavelmente, nenhum equivalente por cá. Não conseguem é ser tão criativas, vivazes e belas como nossas festinhas.

Sobre a propalada preguiça latino-americana, deixe-me dizer-lhe que um operário da Volkswagen do México ou de São Paulo trabalha o mesmo ou mais que seu colega alemão, ganhando um salário cinco vezes menor. Os diretores e gerentes de cá é que ganham dez vezes mais que os de lá. O mesmo ocorre com o boia-fria do Paraná ou o vaqueiro da Bahia, que trabalham mais do que qualquer peão do Texas ou camponês galo, labutando em condições muitíssimo piores e ganhando dez vezes menos.

– Onde está nossa preguiça?

A preguiça entre nós, como a luxúria e o dengo, nunca foram coisa de negro nem de índio ou de mulato e nem mesmo de branco pobre. É a fatia do branco rico, a mais gostosa de suas muitas regalias.

Uns poucos méritos que habitualmente se reconhecem em nós, latino-americanos, são logo degradados pelo espírito depreciativo com que se expressam. Este é o caso, entre outros, da nossa música popular sabidamente bela, rítmica e vibrante, que devemos à veia criativa africana. Apesar de gabada, ela nos é mais vezes debitada do que creditada, como ocorre quando nos figuram como os insaciáveis dançadores de sambas, rumbas e boleros.

Caso ainda mais feio é o do chamado *boom* da literatura latino-americana. Neste caso, o preconceito é evidente. Não há nenhum *boom* espantoso que tenha que ser explicado como um fenômeno. Simplesmente, o mundo moderno não conhece romancistas melhores que o Gabo, Borges, Cortázar, Rulfo e Guimarães Rosa. Nem poetas que poetam melhor do que Neruda, César Vallejo e Drummond.

Falando ainda de literatura, é de assinalar que grandes escritores nórdicos buscam, habitualmente, suas origens onde elas efetivamente estão, na Europa. É lá que Eliot e Pound vão beber na fonte. Nossa busca de origens se dá é em Guillén, poeta da negritude, ou em Arguedas, romancista da indianidade. Mesmo nossos literatos mais dados a Europa, lá se assentam é olhando pra cá, nos refazendo em palavras.

Alguns defeitos nos são atribuídos com carradas de razão. Entre eles o machismo. É verdade que muito temos pecado de machismo, mas nossas mulheres nos vêm reeducando com rigor para que, continuando a ser quentes e amorosos, sejamos cooperativos e cordatos e, se possível, até fiéis.

O mandonismo caudilhesco que também nos atribuem não é coisa nossa; pelo menos não é debitável ao povo latino-americano. Ele é que sofreu e sofre na carne a boçalidade dos régulos escravistas, coloniais ou multinacionais que a civilização europeia e sua filial ianque nos impõem como seus servidores mais fiéis. Cárdenas, Allende ou Fidel não se parecem com nenhum caudilho.

Abra os olhos e o entendimento, leitor, para outra revelação. Ditadores tropicais sanguinários, como Somoza, Trujillo e Batista, são criaturas que Washington criou, amestrou e nos impôs para perpetuar o domínio ianque sobre as "repúblicas de bananas" que mantêm no Caribe. Elas são a expressão política natural e necessária da apropriação das terras pelas empresas norte-americanas produtoras de frutas de exportação. Se você duvida, olhe um pouco para a Nicarágua, El Salvador e a Guatemala e se pergunte quem é que quer reter a lucrativa tradição bananeira? Quem é que cria, ceva e perpetua ditaduras no Caribe?

As novas ditaduras militares do Brasil, da Bolívia, do Chile e da Argentina são também criações norte-americanas. São o correspondente político inevitável do domínio de nossa economia pelas corporações transnacionais, que, não podendo ser legitimado pelo voto popular, tem que ser imposto pela mão de governos militares.

Cada uma delas nos foi imposta através de movimentos programados cuidadosamente em Washington – com a ativa participação internacional – de desestabilização de governos democráticos e progressistas, seguidos da apropriação do poder através de golpes de militares ianquizados. Uma vez implantada a nova ordem, seus mandantes atenderam solícitos a voz do amo. Redefiniram toda a política salarial para anular as conquistas sociais dos trabalhadores e impor regimes de medo e de fome. Logo após, com o mesmo denodo, revogaram por decreto a legislação de defesa dos interesses nacionais, para que as empresas multinacionais se apropriassem de nossos recursos e mercados. Em consequência, nos converteram em exportadores de capitais que mandam para fora lucros cada vez maiores, ao mesmo tempo em que assumimos uma dívida externa que cresce astronomicamente.

Preste atenção, aliás, para um detalhe expressivo. Alguns desses ditadores novos da América Latina têm nomes que para nós soam tão bizarros como Geisel, Médici, Stroessner, Pinochet, Banzer etc. Serão os filhos exitosos dos imigrantes que acolhemos? Ingratos! Nenhum deles, por ser europoide, teve qualquer escrúpulo em adotar e até aprofundar a boçalidade do estilo ditatorial latino-americano.

Nessa altura você concordará comigo no quanto é duvidoso que o projeto de futuro que as nações ricas têm para nós seja alguma liberação. Sabidamente eles querem e necessitam de nossos produtos de exportação e de nossa mão de obra barata para com eles se prover e lucrar. Se acalentam algum sonho para nós, este será tão feio como o de fazer da América Latina do futuro um imenso Porto Rico, a fim de estrelar e encher de riscos novos uma nova bandeira norte--americana. Doce sonho de tarados.

Nosso próprio projeto é outro, que fomos e somos impedidos de realizar. Para evitá-lo é que dopam exércitos, subornam políticos, falem empresários. Mas não ficam nisso, entrando a perseguir, prender, exilar, cassar, torturar e matar quando se sentem ameaçados em seus privilégios.

Uma amostra do que poderia vir a ser amanhã uma América Latina estruturada para si mesma em democracia e liberdade, como queria Salvador Allende, hoje só nos dá Cuba. Apesar do cerco e do boicote ianque, lá todos comem todo dia, toda criança tem escola, completa o primário e muitas vão adiante.

Mas isso não é tudo. Importante mesmo, belo até, é o papel internacional que Cuba hoje desempenha. Incontestavelmente muito mais importante do que o de toda a América Latina junta. Dez milhões de cubanos, frente a 30 milhões de argentinos parvos, 60 milhões de mexicanos frouxos, 120 milhões de brasileiros tíbios ou do total de 400 milhões de latino-americanos insignificantes, é que nos dão a voz e a presença generosa que quiséramos ter, liberando Áfricas. Até o governo brasileiro, tão reacionário, tem de aprovar a presença de soldados cubanos em Angola porque só eles, ali e alhures, impedem a hegemonia "africâner" que perpetuaria, agravada, a brutalidade do colonialismo europeu.

Imagine comigo, leitor, o que será no ano 2000 uma América Latina que valha cinquenta Cubas de poderio e garra como presença calorosa nesse mundo necessitado de ousadias libertárias. Não é impossível nem que o Terceiro Mundo vire o primeiro.

Hegel, que não entendeu nunca os povos americanos, mas tinha estalos de gênio, disse uma vez que a América, país do porvir, alcançaria sua importância histórica através de uma guerra entre a América do Norte e a América do Sul. Não sei se precisamos de mais guerra do que a suja guerra declarada que eles travam contra nós. Sei apenas que, uma vez liberados da opressão imperialista, nós floresceremos e eles também serão melhores, porque estarão livres do feio papel anti-histórico que hoje encarnam.

Vá se acostumando, leitor, com a ideia de que vamos dar certo e de que isso fará muito bem ao mundo. Somos e nos vemos como parte da civilização ocidental. Alternos das civilizações orientais como a indiana, a chinesa ou a japonesa. Mas bem sabemos que somos um subúrbio dela, mais distante e diferenciado dos seus orgulhosos núcleos cêntricos do que os soviéticos, além de imensamente menos importantes.

Pouca ou nenhuma consciência temos, ainda, é de que sobre nossos ombros recairá, em grande parte, a tarefa de criar uma nova ocidentalidade que seja, pela primeira vez, uma civilização humana respeitável. Entretanto, frente à hegemonia infecunda da América saxônica, que parece só preocupada em lucrar e reter a história parada; frente a uma Europa reduzida à sua expressão geográfica, dividida pela linha arbitrária das fronteiras das duas grandes potências hegemônicas e encolhida de medo da terceira guerra que estalará na véspera de sua destruição; frente a um mundo socialista impedido de realizar suas potencialidades libertárias, assoberbado que está na tarefa de manter o poder de represália com uma economia cinco vezes menor que a de seus adversários; frente a tudo isso, só vejo a nós para a tarefa urgente de humanizar nossa civilização e orientá-la por caminhos solidários que livrem os homens do medo e lhes devolva a alegria de viver.

A CIVILIZAÇÃO EMERGENTE*

---

* Este ensaio, escrito a pedido da Divisão de Filosofia da Unesco para ser publicado numa coletânea internacional sobre Culturas e Civilização, foi publicado em Caracas e no Rio – *Revista do Brasil* – 1-3-1985.

... de tanto estudar os homens,
acabamos incapazes de compreendê-los.

J.-J. Rousseau

Só recentemente nós, antropólogos, começamos a falar de genocídio e etnocídio e a medir a dimensão espantosa da destruição de povos e culturas que resultou da expansão europeia. E ainda não começamos, efetivamente, a construir uma teoria dos processos de transfiguração étnica que descreva e interprete a dinâmica através da qual os povos se fazem e refazem, seja no nível das microetnias tribais, seja no caso das etnias nacionais ou das minorias étnicas.[1]

A expressão etnia, neste contexto, designa uma comunidade humana exclusivista e consciente de si mesma, formada pelo convívio de seus membros através de gerações, falando a mesma língua e tendo uma cultura comparticipada. Esta pode ser uma etnia tribal pequena e restrita, cujos membros se identificam solidariamente uns com os outros como a mesma gente e se distinguem dos membros de todas as outras comunidades de que tenham conhecimento. Também pode ser uma etnia nacional, que é a comunidade maior, correspondente a um povo-nação assentado sobre um território, nele exercendo a soberania através de um Estado. Minorias étnicas são etnias imersas dentro destes Estados e submetidas a pressões menores ou maiores da etnia hegemônica. Macroetnia é a autoidentificação de um movimento imperial de expansão (romana, incaica, ibérica) sobre populações multiétnicas com a aspiração de desfazê-las e absorvê-las através da colonização e da transfiguração cultural. Assim entendida, a etnia nada tem a ver com a raça, mesmo porque engloba com frequência gentes de muitas raças. Aproxima-se mais é da noção de povo ou de nacionalidade; mas é, de fato, a unidade ope-

---

1. *Os índios e a civilização*, Rio, 1970, Vozes; México, 1971, Siglo XXI; Milão, 1973, Jaka; Paris, 1978, UGE, 10-18.

rativa dos processos civilizatórios, seja como agentes, seja como pacientes deles.[2]

Os processos de formação dos povos americanos modernos exemplificam todas as modalidades pensáveis de confrontação destas etnias. Contamos, em consequência, com uma documentação imensa sobre situações históricas concretas em que estas conjunções se deram e se dão, muitas delas cuidadosamente observadas e escrupulosamente descritas. Apesar disso, não se dispõe de uma teoria antropológica global do processo de transfiguração étnica que conte com um mínimo de consenso entre os profissionais. É de perguntar, aliás, por que nós antropólogos, que produzimos tantos metros cúbicos de estudos monográficos e de livros de textos sobre milhares de povos do mundo inteiro, nunca fazemos a antropologia de nossos próprios povos.[3]

Com efeito, concentrando a atenção sobre as influências culturais pretensamente recíprocas que exercem uns sobre outros, os povos postos em conjunção, aprendemos algumas coisas sobre a destruição e a reconstituição das culturas tribais, mas praticamente nada sabemos sobre a edificação de povos e nações modernas e menos ainda sobre os povos emergentes como entidades étnicas. Esta é uma das consequências da redução da antropologia a uma barbarologia interessada quase só em povos primitivos, vistos como uma espécie de fósseis vivos da espécie humana.

Este ensaio pretende recuperar algo do saber escasso e disperso de que se dispõe para a compreensão dos desafios cruciais que a humanidade enfrenta em nossos dias. Para tanto, aceitaremos os riscos que implica a abordagem de temas tão amplos. Habitualmente se foge deles, mesmo porque as ciências sociais, tal como as praticamos, só são capazes de enquadrar e tratar "cientificamente" temas limitados e irrelevantes. Entretanto, aquilo de que mais necessitamos hoje é de um mínimo de claridade sobre o parto de uma nova civilização de que participamos como protagonistas, sem saber o que está sucedendo.

---

2. *O processo civilizatório*, Washington, 1968, Smithsoniam Institution; Rio, 1968, Ed. Civilização Brasileira; Buenos Aires, 1970, CEAL; Frankfurt, 1971, Suhrkamp; Milão, 1973, Feltrinelli.

3. Confesso que andei arranhando o tema em *As Américas e a civilização*, Rio, 1970, ECB; Buenos Aires, 1969, CEAL; Torino, 1973, Einaudi; New York, 1971, Dutton; Frankfurt, 1984, Suhrkamp.

CIVILIZAÇÃO: CIVILIZAÇÕES

Nestas últimas décadas do passo do segundo para o terceiro milênio, destacam-se dois movimentos civilizatórios de importância decisiva: o estreitamento da Europa e o alçamento do mundo extraeuropeu. O trânsito se dá no meio das transformações culturais mais profundas que jamais se viu.

O motor destas transformações é a revolução tecnológica desencadeada no após-guerra por um complexo de inovações prodigiosas no campo da produção e da destruição, bem como uma renovação sem precedentes nos sistemas de administração e de informação. Seus efeitos étnico-culturais, que analisaremos a seguir, apenas começam a ser visíveis. Ainda assim, é evidente que ela está desencadeando processos civilizatórios que transformarão mais o nosso mundo do que o fez a Revolução Industrial.

Uma civilização – a ocidental europeia – declina, depois de concluir seu ciclo, outra amanhece. Melhor diria outras, dado o caráter policêntrico dos vastos mundos em que tantos povos se lavam das feridas do europeísmo para serem, afinal, eles mesmos. Suas velhas identidades negadas desde sempre de repente são reencontradas. Mas, então, cada um deles percebe que não é, todavia, um ente. É apenas uma possibilidade: a utopia de si mesmo que tem, ainda, de ser construída.

O estreitamento do mundo europeu é tão visível que não precisa ser comprovado. Quem não percebe que se esboroa a vetustez da civilização ocidental europeia? Depois de dominar, hegemônica, todo o mundo, ao longo de cinco séculos, a Europa se reduz ao que é, efetivamente: a recortada península asiática que se debruça sobre a África.

Ser europeu, disse Sartre uma vez, era de fato a única forma natural, normal e desejável de ser gente. Aos outros faltava alguma coisa essencial que os fazia irremediavelmente carentes. E não bastava ser europeu, era preciso ser francês ou inglês. O germânico era um centro-europeu tedesco, tosco; o nórdico, um urso humano; os mediterrâneos, uns negros exóticos; os europeus orientais, bugres bárbaros.

De repente, todos percebemos que passou a hora europeia ou que ela só pode se reativar degradada. Descobrimos, perplexos, que o vapor não é ocidental; que a gasolina não é cristã; que a eletricidade não é europeia. Fora da Europa mundos mais vastos, armados destas e de outras fontes energéticas, se reconstroem para si mesmos, segundo projetos próprios, conservando e até reforçando sua singularidade. O Japão tecnologicamente ocidentalizado nunca foi tão japonês; nem o Vietnã tão vietnamita. A China muito mais.

Na Europa sucede o contrário. A Alemanha, por exemplo, é hoje o espaço onde os dois grandes exércitos extraeuropeus pararam, frente a frente, depois de destruir a última força propriamente eurocêntrica: a que se propunha implantar o milênio ariano. E quase implantou. Dividida em duas, cada banda da Alemanha começou a urdir seu próprio patriotismo para odiar a outra. Sabem que seu destino é desaparecer na véspera da guerra do fim do mundo, mas se afincam às novas lealdades. O resultado é que, pasmadas, as mulheres não param mais e tantos jovens caem no terrorismo.

Esta nova Europa sem causa nem programa senão enricar e engordar vive, de fato, à sombra e às custas de seu principal rebento ocidental. Ele é que dita a linha. E é quem paga a conta da defesa frente aos comunistas. Ele é quem assume, bisonho, mundo afora o comando dos restos de hegemonia imperial que sobraram aqui e ali. Seus aliados naturais – Israel, África do Sul, Austrália – não são companhia de que ninguém se orgulhe. Cada um deles tem como projeto próprio de grandeza implantar impérios euro-arianos de caráter tão obsoleto que se tornam cada vez mais inviáveis.

A Europa cêntrica não vai desaparecer, obviamente, nem se converter em museu de troféus. Vai é coexistir com outros centros de poder e criatividade que, conjuntamente, irão elaborando as múltiplas pautas que orientarão a conduta humana. Já é assim, aliás. É muito mais no universo eslavo, no chinês e no neobritânico que se tomam as decisões cruciais para o destino humano. Amanhã, a eles se juntará o latino-americano como um bloco continental de imensas massas mestiças, mais uniformes culturalmente que qualquer outro conjunto de povos.

A rigor, a importância europeia advém mais do renovo nórdico de sua expansão americana do que do núcleo original. No futuro isso se acentuará cada vez mais, principalmente quando nosso bloco neolatino tiver voz capaz de se fazer ouvir. Então, uma configuração "ocidental" transatlântica interagirá com a eslava, a chinesa, a islâmica e a indiana no diálogo da civilização. Cada uma delas guardando sua própria face, mas deixando florescer dentro de si e ao seu redor múltiplas expressões étnicas singulares.

REBELIÕES ÉTNICAS

O outro indício claro de que nasce uma civilização nova é o abrupto alçamento dentro e fora da Europa de tantas minorias étnicas. Um novo horizonte se levanta abrindo espaço para a autoafirmação de povos oprimidos há séculos e há milênios. Os flamengos descobrem, de repente, que são eles mesmos e entram a reiterar, fanáticos, sua identidade. Os bascos e os curdos se alçam e brigam tão aguerridos que o mundo se assusta, perguntando como suportaram calados tamanha opressão, por tanto tempo.

Como se vê, simultaneamente, por toda a parte, dezenas de outros povos reencontraram sua própria identidade étnica e sua causa, que é a luta contra uma opressão nacional que antes mal pareciam sentir. Tantos alçamentos espontâneos denunciam a abertura de um espaço para a afirmação étnico-cultural que não existia antes. Que significa isso em termos de processos civilizatórios?

Alguma coisa mudou, sem dúvida, no caráter da civilização, antes tão capaz de compressão silente das minorias nacionais dentro dos Estados burgueses e hoje tão vulnerável. Seria acaso o efeito de algum assomo de generosidade liberal e democrática que, de repente, passou a inspirar as nações acêntricas? Não é provável.

É já notório que os futuros Estados nacionais serão, por um lado, mais amplos que os Estados burgueses, configurando-se antes como federações multiétnicas do que como nações unitárias. Serão, por outro lado, mais tolerantes no plano cultural, admitindo em seu seio multiplicidades de contingentes étnicos sem hegemonia de nenhum deles sobre todos.

Se isto é verdade, um dos principais protagonistas da história contemporânea vai declinar. Refiro-me ao Estado unitário burguês, montado como máquina de dominação de um componente étnico sobre as demais, dentro de sociedades multiétnicas. Seu poderio começa já a se debilitar. Os núcleos étnicos que não conseguiu assimilar se rebelam, o que ocorre não só com as minorias étnicas engolfadas dentro de seus territórios, mas até com os povos tribais que sobreviveram para além das fronteiras da civilização. Uns e outros se encrespam em susceptibilidades, assumindo idiossincrasias de que antes se vexavam.

Tão estreito era, ontem, o espaço em que a civilização europeia, organizada em quadros nacionais unitários, abrigava e oprimia as microetnias discrepantes da hegemonia, como amplo começa a ser, hoje, o espaço que elas reivindicam e efetivamente começam a ocupar. Até povos aparentemente inviáveis por seu pequeno vulto de minorias imponderáveis dentro dos quadros nacionais – como as microetnias indígenas – se alçam, pretendendo ser, para sempre, eles próprios em sua singularidade e se autodeterminarem.

No âmbito das formas anteriores, parecia legítimo que a cultura nacional fosse a da etnia dominante cuja língua ou dialeto, cujo estilo criativo e cujos usos e costumes e até manias e cacoetes se impunham a todos. As outras expressões culturais pareciam excentricidades de gente; ainda não totalmente assimiladas através dos mecanismos informais de repreensão e dos sistemas escolares de uniformização. As próprias gentes dominadas se viam muitas vezes como exóticas, envergonhando-se de suas singularidades. Cada uma delas assumia, interiorizada, a visão da etnia dominante para sofrer seu próprio ser como uma precariedade.

Nestas circunstâncias, somente a cultura do grupo dominante parecia ser permanente e autêntica. Todas as discrepantes seriam formas toscas e frustradas, destinadas a desaparecer. Tão convincente era a superioridade aparente da etnia hegemônica que se tornava invisível para os dominados o caráter eminentemente espúrio dos valores que absorviam e à luz dos quais se viam a si mesmos como povos subalternos e inferiores.

Hoje, de repente, fica claro para todos que as culturas nacionais não são entidades acabadas, nem neutras, nem relativistas. São, ao contrário, mecanismos de dominação que atuam dentro de sistemas interativos. Em seu âmbito, a autenticidade possível reside na capacidade que cada povo tenha de construir ou refazer autonomamente sua visão de si mesmo, como uma criação própria que afirme seu orgulho e seu gozo de ser tal qual é, rechaçando toda ideologia que discrimine e subalternize sua forma e seus valores.

Há evidentes exceções a esta tendência à liberação étnica que corresponde à civilização emergente. Certos casos são verdadeiramente patológicos, como ocorre com algumas nações modernas estruturadas de forma tão pervertida e obsoleta que constituem focos de guerras interétnicas insolúveis. O melhor exemplo é Israel, onde uma etnia tribal assaltou e se apossou de um território, organizando-se ali não como um Estado, enquanto comunidade cívica abrangente, mas como uma tribo-nação teológica de caráter endógamo, racista e fanático. Outro exemplo é a África do Sul, cuja estrutura de poder assentada na minoria de imigrantes brancos opera com um *herrenvolk* sobre as maiorias negras e mestiças. Ambos, incapazes de convívio cívico multiétnico ou de fusão com os povos que encontraram em seu território, estão condenados ao duro papel genocida de seus exterminadores. Em consequência, vivem a situação paradoxal e paranoica de quem pode infligir mil derrotas a seus adversários, mas não pode sofrer nenhuma.

UNIFORMIDADE E SINGULARIDADE

Pode soar estranha e até provinciana esta concepção da cultura para quem vê o mundo imerso numa civilização terminal, identificando-se com um de seus polos dominantes. Com efeito, situado ali, se pode legitimamente perguntar se não é cada vez maior o componente cultural comum e comparticipado por todos os povos – a ciência e a tecnologia, entre eles. Não se estariam, assim, uniformizando ainda mais todos os homens para, amanhã, incorporados, integrarem, afinal, uma civilização única? Essas rebeldias étnicas minoritárias não seriam uma recrudescência tardia e anárquica de sobrevivências obsoletas?

O tema merece uma reflexão que exige um breve mergulho na história humana. No passado, os homens divididos em milhares de tribos diferentes tinham de comum uns tantos elementos universais de cultura que os uniformizavam como gênero frente à bicharada e os diferenciavam uns dos outros como povos. Sendo requisitos indispensáveis da própria condição humana, em toda sociedade se registravam expressões de sua presença. Este é o caso das várias formas de caçar e pescar para o provimento da subsistência, dos sistemas de parentesco e outros modos de organização da família, de crenças e práticas mágicas e religiosas, das mitologias e até de múltiplas formas larvares de expressão artística. Sem eles ninguém era humano. Apesar de sempre presentes, variando enormemente, eles emprestavam, ao mesmo tempo, universalidade e singularidade aos modos humanos de ser.

Cada grupo étnico, tanto convivendo com outros grupos – para com eles aprender e a eles ensinar – como se isolando – para apurar sua singularidade – realizava, assim, potencialidades da natureza humana que não florescem no total isolamento, nem no tumulto multitudinário. Dentro desta dinâmica é que se plasma a identidade de cada grupo étnico como o produto de inovações próprias e da apropriação de descobertas alheias, através dos quais ele vai transformando sucessivamente seu modo de ser. Sua identidade se preserva precisamente porque se altera, adaptando-se a condições sempre novas e aprimorando suas formas de ação. Isto só se alcança, porém, se ele se transfigura autonomamente, alterando os conteúdos de sua cultura dentro das pautas dela própria e para servir a si mesma. Essa autonomia no comando de sua própria dinâmica cultural é que faz uma cultura genuína e autêntica – porque serve à sociedade que a detém e se guia por seus próprios valores – ou espúria – porque se deixa avassalar e guiar por valores estranhos.

No passo seguinte da aventura humana, as coisas se complicam, pondo em risco essa autonomia essencial e, por fim, inviabilizando-a para a maioria dos povos. Isto ocorre por força do próprio enriquecimento do patrimônio cultural humano. Com efeito, através da difusão ou da criatividade cultural paralela, uns grupos foram explorando as poucas potencialidades praticáveis de ação criativa sobre a natureza. Assim criaram e aperfeiçoaram a cerâmica, o vidro, a metalurgia, por exemplo, bem como a garrucha, o auto e o telefone etc., que se difundiram amplamente como um rico acervo comparticipado de muitos povos. Acervo – é de assinalar – que dava aos povos que controlavam autonomamente as novas técnicas de produzir estes bens a possibilidade de preservar sua identidade étnica e, sobretudo, de impor sua suserania a outros povos. Tiravam, ao contrário, toda a possibilidade de autonomia aos grupos que aprendiam a necessitar destes bens, sem alcançar a capacidade de produzi-los.

Acresce ainda que, simultaneamente, com o progresso da produtividade, depois dos seus primeiros passos, os próprios seres humanos mudaram de condição. Antes, o mundo era feito de "nós", a gente verdadeira, pertencente ao mesmo grupo; e dos "outros", que eram bárbaros, desprovidos até de verdadeira forma humana. Estes, de fato, eram uma caça arisca e serviam mesmo é como carne para se comer. Depois, continuando a ser subumanos, os "outros" passaram a interessar cada vez menos como comida e cada vez mais como cativos para caçar e pescar e trabalhar e produzir para quem os apresava. Eram cativos que perdiam seu ser e eram transfigurados etnicamente. Assim ocorria fatalmente na situação-limite em que eles eram transladados como escravos pessoais para outro território, perdendo o convívio com seu povo e a possibilidade de preservar e transmitir sua cultura e sua identificação étnica. Ocorria também, ainda que de forma menos drástica, quando um povo via seu território invadido e dominado por conquistadores que se constituíam como uma casta superior, cuja cultura ia se impondo à gente avassalada, embora também se impregnasse de seus valores.

Neste processo é que surge a civilização, inaugurada onde se fundam, simultaneamente, a primeira cidade e seus camponeses; e com eles as oposições antagônicas entre diques dominantes e castas ou classes subalternas; o saber erudito e a cultura vulgar. Para gerir este mundo novo, surge o Estado com um poder territorial extratribal que logo se exorbita em impérios, exercendo seu domínio sobre outros povos. Um deles, soberano, impunha aos outros, com sua hegemonia, seus modos e seus estilos, admitindo-se que os povos dominados conservassem certas singularidades.

Dentro de uma mesma tecnologia básica, expressões destas civilizações se sucediam em ciclos de florescimento e esplendor para entrar logo em decadência feudal. Enquanto outra civilização não se alçava, aqueles povos decadentes, mergulhados nos seus feudos, descansavam do rigor dos senhorios. Não havia feitos heroicos, nem grandes riquezas, mas todos comiam e se expressavam.

A certa altura da história humana, com base na tecnologia de navegação oceânica da guerra com armas de fogo se abriu um novo ciclo civilizatório: o europeu ocidental. Sua singularidade residia numa capacidade tão maior de expansão e dominação que prontamente cobriu a terra inteira, estancando a evolução de todas as outras civilizações viventes para imperar sozinha.

CIVILIZAÇÃO COMO AVASSALAMENTO

Revendo, agora, este movimento de autoedificação em sua história americana, poderemos avaliar melhor seus efeitos. O processo civilizatório desencadeado pelos povos ibéricos com barcos oceânicos armados com canhões resultou numa força inelutável de expansão e de dominação. A eles se seguiram os ingleses, os holandeses, os franceses e depois outras nações que, com as mesmas armas, assaltaram o mundo, o unificaram num só sistema interativo e o avassalaram.

No seu curso foram exterminadas dezenas de milhares de povos diferentes, cada qual com sua língua e sua cultura próprias. Tanto povos de nível tribal como outros já estruturados em Estados e até edificados como altas civilizações originais. Reduziram-se, assim, drasticamente, as expressões étnicas do fenômeno humano, ao mesmo tempo em que uma forma macroétnica única, a europeia ocidental, se expandia e se multiplicava com rebentos instalados em toda a Terra, os quais entraram a crescer prodigiosamente.

Os povos que sofreram esse impacto – principalmente os americanos – foram vitimados, primeiro, pelas pestes euro-afro-asiáticas que o europeu levou consigo. Contaminando gentes indenes, provocaram mortandades espantosas. Não raro, fizeram desaparecer povos inteiros logo depois dos primeiros contatos e contágios. A civilização nascente é, neste passo, principalmente uma peste.

Os trôpegos sobreviventes desta hecatombe biológica se viram, a seguir, avassalados como domínios coloniais. Seus novos jerarcas, tendo uma ideia clara do que era preciso produzir – mercadoria e pecúnia –, destruíram os antigos sistemas de provimento da subsistência, desencadeando pragas de fome e penúria de que resultaram novas ondas de depopulação.

Simultaneamente, se engajou na condição de escravos a maior parte da força de trabalho de todo o mundo extraeuropeu avassalado, criando-se um vastíssimo proletariado externo para produzir gêneros tropicais e tudo que fosse vendável. Quando a população americana se exauriu, montaram-se vastos sistemas de recrutamento de mão de obra. Primeiro, para caçar na África e vender nas Américas milhões de escravos para atender às necessidades de produção. Depois, vieram alguns asiáticos e, por fim, milhões de europeus. Convertidos, eles também, em gado humano, foram desalojados de seus países e exportados para as empresas americanas.

Sobre povos subjugados no além-mar ou trasladados de um continente a outro recai simultaneamente outra força desenraizadora, que é a catequese, exercida frequentemente com furor fanático e com intolerância etnocida. O cristianismo, como religião messiânica, não admitindo outra fé, trata todos os povos não cristãos como infiéis, hereges e pagãos, destinados à conversão compulsória. Seus missionários, católicos e protestantes, apoiados no poderio metropolitano, se assanharam sobre os povos da terra numa guerra ideológica de perseguição cruel aos líderes religiosos nativos e de desmoralização das crenças dos povos colonizados para lhes impor uma nova hierarquia sagrada e, com ela, onerosos sistemas de culto das novas divindades.

As populações alquebradas pelas forças destrutivas destas guerras biológicas, econômicas e ideológicas são chamadas, então, a protagonizar um drama maior: o da negação de si mesmas como povos ou etnias autônomas para se submeterem a uma europeização subalterna. Em alguns casos, os europeus alcançaram completo êxito. Seja através de um processo de sucessão ecológica pelo extermínio da população original e sua substituição por colonos brancos que reconstruíram sua paisagem natal sobre vastos territórios de além-mar. Seja pelo intenso cruzamento com índios nativos e com negros importados para construir povos neoeuropeus mestiçados racial e culturalmente.

Em certos casos, a europeização esbarrou em resistências. Isto ocorreu principalmente onde a população original era maciça demais e se estruturava em nível de alta civilização, sobretudo no Oriente. A expansão europeia provocou ali estragos imensos tanto pela pauperização destes povos como por sua opressão enquanto domínios coloniais. Mas eles eram tão enormes que, apesar de tudo, preservaram sua identidade. Em outros casos, onde se dão condições propícias de isolamento ou de especial resistência étnica, alguns povos preservaram seu ser, apesar de imersos como ilhas diferenciadas no mar das macroetnias europeizadas.

Os dois fenômenos culturais são igualmente intrigantes para a antropologia. Por um lado, o prodigioso processo de fazimento dos povos pela construção de uma matriz neoeuropeia capacitada a assimilar, seja as massas de brancos marginalizados que vieram a ter nas Américas como imigrantes; seja as massas de índios e de negros recrutados como força de trabalho, desculturados e aculturados naquelas matrizes. Por outro lado, a resistência étnica espantosa dos grupos indígenas que conseguiram, a duras penas, preservar sua identidade étnica através de gerações, em meio à mudança de quase todo o conteúdo de suas culturas.

O que se depreende destas situações é, por um lado, a impensável resistência das etnias. Elas guardam sua identidade sempre que mantêm a continuidade de sua vida comunitária, quaisquer que sejam as vicissitudes que enfrentam. É, por outro lado, o despotismo brutal aos processos civilizatórios que vence estas resistências, rompendo os laços comunitários, desfazendo as famílias, marginalizando e às vezes até coisificando as pessoas para reconstruí-las no curso de processos de transfiguração étnica.

O mais importante a assinalar, entretanto, é que já não prevalece o que, durante muito tempo, parecia ser o destino de todos os homens: sua condenação a se verem reduzidos a uma só variante: a europeia. A humanidade que construiu a si mesma explorando simultaneamente múltiplos caminhos – sem correr maiores riscos de fracasso, porque se milhares de povos errassem, alguns acertariam caminhos de saída – parecia haver perdido esta única segurança possível. Jogava-se tudo numa só parada, ao compelir todos os homens a encarnarem uma só alternativa. Agora a tendência se reverte, voltamos aos caminhos da diversidade. Só é de lamentar que voltemos tão europeizados, tantas foram as caras étnicas originais que se perderam.

Aparentemente, a civilização europeia que protagonizou este processo de desfazimento e refazimento de povos entrou em decadência. Tal como sucedeu a todas as civilizações anteriores. Visivelmente se esgotam seus mananciais de poderio e inteireza. Seus componentes se dissociam. Negam-se suas antigas certezas. Todos começam a duvidar de tudo. A tecnologia se renova como nunca, dando aos homens a responsabilidade de poder, com um gesto, acabar com toda a vida na Terra ou decretar a penúria geral. Ninguém consegue ou quer, realmente, é implantar a paz e a prosperidade, afinal alcançável e generalizável a todos os homens.

A nova cultura humana comparticipável provê, por um lado, um corpo multiplicado de saberes e de bens e, por outro lado, umas poucas estruturas organizativas que modelam a vida social bem como os códigos ideológicos que as inspiram e justificam. Verifica-se, assim, que não apenas a criatividade técnico--produtiva tem limites impostos pela natureza das coisas; a gramática da cultura determina também o que é praticável no âmbito das formações sociais, que só podem configurar as sociedades humanas em umas poucas formas de organização global: socialista ou capitalista, por exemplo. Uma mesma doutrina e as formas de estruturação política que ela propugna podem organizar a vida social dos russos, dos chineses e dos cubanos.

O surpreendente é que a uniformidade resultante da difusão destes padrões técnico-produtivos ou sócio-organizativos já não se faz necessariamente como um mecanismo de dominação política e de uniformização cultural. Começa a ser possível integrar-se nas novas formas de fazer, de conviver e de pensar, conservando a própria singularidade étnica. Com efeito, os chineses, a seu gosto ou a seu pesar, são cada vez mais parecidos com os ingleses ou com os russos nas coisas que fazem e usam, na forma de comunicação, nas ciências que cultivam e na própria ideologia com que explicam e justificam seu modo de ser. Apesar disso, são cada vez mais chineses.

Sucede, pois, ao contrário do que ocorria quando o progresso material ingressava como mercadoria dentro de estruturas coloniais que impunham, juntamente com relações de intercâmbio desigual no plano econômico, a dependência política e a submissão cultural aos padrões de uma civilização pretensamente ecumênica. Surge, em consequência, a possibilidade de coexistirem múltiplas civilizações que, sobre o vasto denominador comum da herança cultural humana, se alimentam de sua própria seiva e florescem em seus próprios estilos. Uma anunciação deste nascimento nos é dada pela substituição de tantas verdades professadas por questionamentos em que tudo se põe em causa: a hombridade e o machismo, a feminilidade e o feminismo, a intolerância e a liberdade. Tudo.

Outro sintoma é a assunção orgulhosa de seu perfil étnico por povos de toda parte. É como se, a um sinal só inteligível para eles mesmos, todos começassem a reclamar e a se autoafirmar com a maior veemência. Estas aspirações de liberdade de expressão étnica que mobilizam energias antes insuspeitadas, convulsionando todas as sociedades multiétnicas, são justamente o contrário do processo civilizatório que se deu com a expansão europeia. Elas anunciam a civilização policêntrica.

CONFIGURAÇÕES HISTÓRICO-CULTURAIS

Quero voltar aqui à minha classificação[4] dos povos extraeuropeus modernos em duas categorias diferenciadas, de acordo com o seu processo de formação histórica e cultural. Para mim são *povos-transplantados*, constituídos pela expansão de nações europeias sobre territórios de ultramar onde, sem se misturarem com a população local, reconstruíram sua paisagem e retomaram suas formas originais de vida. A seguir, se desenvolveram culturalmente dentro de

---

4. *As Américas e a civilização.*

linhas paralelas e similares às da metrópole, como povos brancos de ultramar. É o caso dos Estados Unidos e do Canadá. É também o caso da Nova Zelândia e da Austrália. Cabem também nesta categoria a Argentina e o Uruguai, ainda que no seu caso de forma limitada, uma vez que ambos só se europeizaram depois de estruturados como povos mestiços que construíram seus países e fizeram a independência. Isto ocorreu por uma transfiguração cultural posterior, decorrente do enorme vulto da imigração europeia que caiu sobre eles.

Nesta configuração de *povos-transplantados* se encontram, orgulhosos de si mesmos, os representantes e herdeiros da civilização europeia ocidental, beneficiários e vítimas de sua própria expansão. São os povos mais modernos e, como tal, os que mais radicalmente perderam a cara ou a singularidade. Em consequência são, hoje, a gente humana mais letrada, mais estandardizada e mais uniforme, mas também a mais desinteressante e sensaborona.

Em minha tipologia vêm, em segundo lugar, os *povos-testemunho*, formados pelos remanescentes atuais de altas civilizações originais contra as quais se chocou a expansão europeia, sem conseguir contudo assimilá-los na condição de novos implantes seus. Nesta categoria estão os indianos, os muçulmanos, os chineses, os indochineses, os japoneses etc. Nas Américas eles são representados pelo México, pelo Peru e Bolívia e pela Guatemala.

Cada um destes *povos-testemunho* experimentou enormes vicissitudes e sofreu profunda europeização. Insuficiente, porém, para fundir num ente etnicamente unificado toda a sua população. Vivem o drama da ambiguidade de povos situados entre dois mundos culturais contrapostos, sem poder optar por nenhum deles. Já não são índios. Jamais serão europeus. A civilização emergente representará para eles, no plano cultural, um imenso desafio: o de se desfazerem de uma falsa imagem unitária para que cada um de seus componentes étnicos assuma seu próprio perfil e o comando autônomo de seu destino para voltarem a florescer.

A terceira categoria, referente aos *povos-novos*, concerne àquelas populações oriundas da mestiçagem e do entrecruzamento cultural de brancos com negros e com índios de nível tribal, sob a dominação dos primeiros. Tais são, entre outros, os brasileiros, os colombianos, os venezuelanos ou os cubanos.

Sua característica diferencial é a de povos desculturados de sua indianidade, africanidade ou europeidade para serem um ente étnico novo. Comparados com os *povos-transplantados*, que são meros europeus de além-mar, ou com os *povos-testemunho*, que carregam duas heranças culturais imiscíveis, os *povos--novos* são uma espécie de povos tábua rasa, deserdados que foram de seu parco acervo original. Desapegados de passados sem glória nem grandeza, eles só têm futuro. Sua façanha não está no passado, mas no porvir. Seu feito único é, debaixo de todas as vicissitudes, terem construído a si mesmos como vastos povos linguística, cultural e etnicamente unificados. Resumindo em si a genialidade e as taras de todas as raças e castas de homens, eles estão chamados a criar uma nova condição humana, quiçá mais solidária.

É certo que na configuração de cada *povo novo* predominou, por força da hegemonia colonial, o europeu que lhe deu a língua e uma versão degradada da cultura ibérica. Mas foi tão recheada de valores que clandestinamente a impregnaram, oriundos das culturas indígenas e africanas, que ganharam um perfil próprio e inconfundível. Estas discrepâncias, aliás, é que emprestam aos *povos--novos* a singularidade que acaso tenham.

Por muito tempo as elites destes *povos-novos* se tiveram, nostalgicamente, por europeus desterrados. Seus intelectuais não se consolavam de viver nos trópicos, suspiravam tanto pelas doçuras dos climas nórdicos como pelo brilho da vida parisiana. Intoxicados pelo racismo europeu, se amarguravam de suas caras mestiças. Só em tempos recentes se generalizou a percepção de que eles são outra coisa, tão diferentes da Europa como da América indígena e da África negra. Mas ainda há muitos macaquinhos basbaques por aí, simulando ser o que não são: boquiabertos, papagueiam europeidades.

Dos índios, os *povos-novos* receberam duas heranças substanciais. Primeiro, a fórmula ecológica de sobrevivência nos trópicos, fundada em milênios de esforços adaptativos realizados pelos indígenas que lhes ensinaram como produzir as condições materiais de existência das suas sociedades. Segundo, uma imensa contribuição genética. O chamado "branco" na população dos *povos--novos* é, essencialmente, um mestiço gerado por europeus nos ventres de mulheres indígenas. Como o número de homens sempre foi muito pequeno, estas populações são geneticamente muito mais indígenas que caucasoides.

Dos negros, os *povos-novos* receberam também importante aporte genético, variável de país para país conforme a magnitude da escravaria negra que tiveram, o que os fez, além de mestiços, mulatos. A contribuição cultural negra é representada fundamentalmente por aqueles traços que puderam persistir debaixo da opressão escravista. Estes vão desde técnicas e valores a sentimentos, ritmos, musicalidades, gostos e crenças que o negro escravo pode guardar no fundo do peito e defender do avassalamento. Estas qualidades hoje conferem características de vigor, de alegria e de criatividade como traços distintivos dos *povos-novos* que incorporaram maiores massas negras. Tão profundo e completo foi o processo de aculturação dos negros que sua presença se remarca menos pela africanidade que pela extraordinária criatividade que os faz cada vez mais influentes na vida cultural de seus povos.

A quarta configuração histórico-cultural da minha tipologia se refere aos *povos-emergentes*. Vale dizer, aos grupos étnicos que hoje se alçam na Europa, na África e na Ásia e também nas Américas, ocupando o espaço que ultimamente se abriu para a reconstituição e a afirmação do perfil étnico e cultural dos povos oprimidos enquanto minorias nacionais. Nas Américas, esta categoria está representada principalmente pelas massas dos indigenatos do Altiplano Andino, do Iucatã e da Guatemala. São os sobreviventes da civilização incaica, da civilização asteca, e da maia que, depois de séculos da mais terrível opressão, começam a estruturar-se como povos em si, aspirantes à autodeterminação.

CONFLITOS INTERÉTNICOS

Até recentemente estes indigenatos eram vistos pelos estudiosos como meros campesinatos que ainda opunham resistência a uma assimilação que parecia inexorável. Acreditava-se que com uma boa reforma agrária, alguma assistência educacional e também com a ajuda das práticas insidiosas do indigenismo eles deixariam da mania de serem índios para se fazerem bons cidadãos peruanos, bolivianos, guatemaltecos e mexicanos.

Ultimamente se generalizou a percepção de que eles não são meros campesinatos atípicos. São é povos oprimidos. Como tal, aspiram legitimamente ao comando de seu destino pela proscrição da hegemonia das minorias de crioulos nominalmente brancos e europeus que fizeram a independência para eles próprios. De fato, desde que se apossaram dos governos eles oprimem as populações originais, às vezes majoritárias, tanto ou mais do que elas eram oprimidas pela metrópole espanhola colonial.

O alçamento destes indigenatos demonstra que nem toda história é feita de luta de classes. Além das oposições classistas existem e persistem outras tensões, como as interétnicas, que são mais antigas e, em muitos casos, mais vigorosas e até mais dinâmicas. Com efeito, as primeiras sociedades de classe aparecem há cerca de seis mil anos, enquanto as identificações étnicas e os conflitos resultantes de suas oposições são muitíssimo mais antigos. É até provável que em futuras sociedades sem classes – ou naquelas em que o domínio classista seja substancialmente atenuado – persistam oposições interétnicas, capazes de desencadear conflitos.

Efetivamente, conflitos interétnicos espocam por toda parte com gravidade variável, demonstrando, por sua generalidade, que são a expressão de alterações profundas no caráter da civilização vigente ou a anunciação do nascimento de novas civilizações. Em certos casos, eles ameaçam alcançar extrema virulência.

A persistir nas nações americanas onde se assentam os *povos-emergentes* o antigo modelo espanhol de estruturação de Estados unitários dominando sociedades multiétnicas, serão inevitáveis violentos conflitos que podem até degenerar em guerras étnicas. Ao contrário, a adoção de formas mais participantes – como a suíça, por exemplo –, pela organização de Estados multinacionais que correspondem melhor àquelas sociedades multiétnicas, pode atenuar estes conflitos. Mas não proscrevê-los.

O mais trágico da situação dos *povos-emergentes* é o imperativo de complicar com fatores étnico-culturais o quadro já muito tenso das lutas sociais dos povos americanos. Nada garante que as energias étnicas que se acenderão se somem aos reclamos classistas para, juntas, promoverem uma revolução capacitada a configurar um novo Estado mais aberto e igualitário no plano étnico e mais solidário no plano social. Bem pode suceder o contrário. As próprias classes dominantes desejarão utilizar estas tensões para eternizar sua dominação.

Isto é o que ocorre, agora, por exemplo, com os *miskitos*. Atiçados pelo governo norte-americano contra a revolução nicaraguense, eles são postos dentro de seu próprio território numa terra de ninguém, entre fogos cruzados.

É provavelmente na Guatemala, porém, que mais claramente se configura, hoje, uma luta interétnica convertida numa guerra de libertação. Ali, uma minoria insignificante de mestiços pretensamente ibéricos exerce a hegemonia étnica sobre uma maioria enorme formada pelas populações originárias da civilização maia. Como seu avassalamento já não é aceito, a minoria mestiça cai na criminalidade do genocídio para manter a ferro e fogo a dominação mais dura e perversa. Lutas semelhantes tendem a espocar no Altiplano Andino, onde quéchuas e aimarás tomam consciência ativa de si mesmos como povos oprimidos. O mesmo ocorrerá com os mapuche no Chile.

Merecem atenção alguns enclaves étnicos assentados dentro do corpo dos *povos-novos* e dos *povos-transplantados* que vivem situações de conflito similares às rebeldias de caráter étnico. Refiro-me a contingentes populacionais etnicamente diferenciados que buscam conquistar um espaço maior e melhor dentro do quadro nacional onde se encontram oprimidos. Este é o caso dos chicanos e porto-riquenhos nos Estados Unidos da América, por exemplo. Cada vez mais conscientes de si mesmos e mais resistentes à submissão ideológica e à hegemonia ianque, eles começam uma luta que só tende a recrudescer.

A situação dos negros norte-americanos é distinta, mesmo porque eles não são propriamente uma etnia, uma vez que nenhum contingente da população é mais americanizado. Suas lutas têm, porém, algum caráter de revivalismo étnico e constituem uma ordem paralela de conflitos, já que também eles se conscientizam como um componente diferenciado que aspira a uma posição menos opressiva dentro do quadro nacional, com maior liberdade e melhores condições de se expressarem culturalmente.

DESEMPENHOS CIVILIZATÓRIOS

Assinalamos em outros estudos[5] que às diferentes configurações histórico-culturais correspondem diferentes desempenhos civilizatórios. É notório, por exemplo, que os *povos-transplantados* alcançaram níveis mais altos de desenvolvimento, dentro da civilização industrial, que todos os outros, sobretudo os *transplantados* do Norte. Estes, embora implantados um século mais tarde do que os *testemunhos* e os *novos* e tendo sido muito mais pobres e muito menos

---

5. A nação latino-americana, in *Horizonte 82*, Berlim, *Nueva Sociedade* – 62; Caracas, 1982, e *Encontros com a Civilização Brasileira* – 27, Rio, 1982.

ilustres no passado, conseguiram realizar mais plenamente suas potencialidades dentro da civilização industrial.

Estas diferenças de desempenho se explicam, em parte, pelos respectivos processos de formação. Os *povos-transplantados* apenas prosseguiram no além--mar o gênero de vida que tinham na Europa, realizando potencialidades da civilização a que pertenciam, dentro dos amplos espaços que foram conquistando. Os *povos-testemunho* se constituíram, ao contrário, com sobreviventes de civilizações originais cujas populações experimentaram terríveis hecatombes com a invasão europeia. Os *povos-novos* se edificaram pela mestiçagem de negros importados com índios tribais e uns poucos brancos desgarrados, todos desculturados de sua matriz original e aculturados numa versão subalterna da cultura do colonizador, sob a regência de uma classe dominante consular e submissa.

Acresce, ainda, que, ao revés do que sucedia nas colônias de povoamento dos *povos-transplantados* – onde, de ordinário, a população produzia o que consumia, vendendo o excedente, e se abria ao imigrante a possibilidade de ser um granjeiro livre –, nas áreas de avassalamento e escravização dos *povos-novos* a força de trabalho engajada para produzir o que não consumia era menos um povo com direitos do que uma mera mão de obra escrava, tratada como um bestiário. De fato, o nativo e o negro sempre foram tratados como uma fonte de energia que se desgastava, queimando-a na produção, como depois se passou a queimar o carvão.

Refiro-me sempre às explicações do atraso incorporados à ideologia das elites latino-americanas. Através das décadas e dos séculos, elas se consolam com a ideia de que o subdesenvolvimento de seus países tinha causa no clima tropical, insofrível, e na descontrolada mestiçagem com raças inferiores, inaptas para civilização. Sem questionar essas consolações, acresciam-lhes outras vicissitudes: por exemplo, a religião católica, também imprópícia ao progresso. Outra infelicidade latino-americana seria a herança ibérica, culpada da intolerância inata destes povos exóticos dos confins do Mediterrâneo, mais africanos que europeus. Muitos lamentam até a expulsão dos franceses e holandeses da América do Sul ou creem que somos povos jovens que, um dia, em algum futuro, amadureceremos.

Ultimamente este discurso consolador começou a ser contestado. Alguém percebeu que bom mesmo para se viver é o trópico. Outros demonstraram que quem trabalha mesmo de sol a sol em nossos países, edificando quanto se constrói, cultivando tudo que se planta, fabricando quanto se fabrica, é só preto, mestiço e branco pobre que, afinal, é a mesma coisa.

As demais causas e culpas alegadas do nosso atraso foram sendo desmoralizadas. Uns, olhando para a França e a Itália católicas, percebem que elas não são propriamente subdesenvolvidas. Turistas nossos, visitando o bátavo Suriname ou a gala Caiena, viram que a colonização holandesa e a francesa não maravilhavam ninguém. O final das consolações se deu quando algum malvado descobriu que a América do Norte é cem anos mais jovem que nós.

Caiu-se, desde então, na suspeita de que a culpa casual do atraso, não sendo atribuível ao povo feio, pobre e ignorante, bem pode residir nos ricos, bonitos e educados. Nos projetos de ordenação de nossas sociedades nacionais que eles formularam, regeram e regem desde sempre, e que sempre foram gratificantes e lucrativos para eles próprios, talvez resida a verdadeira causa do nosso atraso.

DESAFIOS CRUCIAIS

No passo à civilização emergente surgem outros problemas socioculturais, tão complexos como as rebeliões étnicas e de caráter mais geral. Assim é que às tensões já referidas se somam múltiplos desafios. Alguns deles, de natureza similar aos conflitos interétnicos, concernem às correntes desencontradas de forças transformadoras que se entrechocam, avançando e recuando como águas tumultuosas. Um bom exemplo nos é dado pelas campanhas simultâneas de *descolonização* das antigas áreas de dominação europeia – já por si complexa – e de *destribalização* dos povos que caíram sob o domínio das burocracias dos novos Estados autônomos. Para estas, algumas vezes, fazer pátria – edificar a nação – é só superar a tribalidade. Vale dizer: avançar mais ainda na ocidentalização.

Por razoáveis que pareçam as esperanças de dar a seus povos acesso à "cultura" e aos benefícios "técnicos" da civilização, esta política pode e até tende a conduzir ao desastre. Primeiro, porque do ponto de vista destes povos tribais – e do interesse humano que é o de preservar as poucas caras que restam de gentes não europeizadas – não há por que preferir sua negação, sob as novas lideranças nativas, ao avassalamento anterior debaixo do mando de régulos coloniais.

Há séculos, quando da independência das Américas, muitos grupos indígenas prefeririam ter ficado debaixo da dominação espanhola – com que haviam aprendido a conviver num *modus vivendi* precário mas viável –, tamanho foi o furor civilizatório dos novos senhores crioulos em promover a modernização de seus países a fim de desindianizá-los.

Com efeito, um verdadeiro pendor etnocida se observa às vezes em lideranças descolonizadoras e até revolucionárias que, em nome do progresso, aceitam o papel de novos agentes de europeização. Seus argumentos sobre as vantagens inegáveis de difundir o uso de uma língua "culta", por exemplo, mal disfarçam a esperança de que as línguas tribais desapareçam. Ao programar o "desenvolvimento", veem nos povos tribais obstáculos intoleráveis a uma modernização que desejam impor urgentemente.

Estes sôfregos modernizadores se esquecem de que sobre seus povos já se exerceram todas as brutalidades desenraizadoras, e se exerceram sem peias, apelando tanto para armas biológicas como guerreiras, sociais e ideológicas. Os povos que a elas resistiram e sobreviveram continuarão resistindo, mesmo porque o futuro será provavelmente menos propenso à brutalidade que o passado colonial escravista.

Todo o conhecimento comparado de situações semelhantes já ocorridas nos autoriza a asseverar que – a menos que se apele para o genocídio mais cruel – no futuro haverá mais gentes com identidades étnicas diferenciadas do que existem hoje, que elas continuarão falando suas línguas e que serão mais afirmativas de sua singularidade étnico-cultural. Como o inevitável, se não é o melhor, é pelo menos o mais dissuasivo, o recomendável é favorecer essa tendência para não condenar povos já tão sofridos a um sofrimento ainda maior.

Acresce que, até agora, ser um povo tribal ou minoritário implicava em ser atrasado, dado o caráter da dominação exógena que se exercia sobre eles. No futuro não precisa ser assim. Ninguém diria de alguém que só por ser galês ou basco, ande descalço e seja ignorante.

Nas nações independentes desde há séculos, também se registraram tensões desculturativas da mesma índole, ainda que diferentes. Esse é o caso, por exemplo, da urbanização caótica e da *marginalização* consequente da população da América Latina. Milhões de lavradores desalojados por força de uma política socialmente irresponsável de modernização capitalista da agricultura se veem lançados em cidades tão despreparadas para recebê-los como eles estão despreparados para nelas viver.

Criou-se, assim, um problema de dimensões imensas. Hoje, cidades como Montevidéu e Buenos Aires absorvem a maior parte da população de seus países. A Cidade do México e Caracas caminham no mesmo rumo. São Paulo e o Rio de Janeiro são várias vezes maiores do que Paris e do que Roma, embora contem com dez vezes menos serviços urbanos. E querem continuar crescendo. O que se processa nestas metrópoles é uma suburbanização desvairada de dimensão exponencial por seu gigantismo. É uma inchação enfermiça que degrada a vida de todos os que nelas vivem.

Enquanto estavam mergulhadas na vida rural, estas populações exerciam um gênero de vida que criaram depois de séculos de esforços, regido por calendários de trabalho e de festas, contando com seus próprios estilos de folguedos, estruturados em famílias madricêntricas que, apesar de precárias, conseguiam formar os filhos na tradição dos pais e fazer deles pessoas capazes de falar a língua, de usar os instrumentos de trabalho, de amar a vida, de procriar e de conviver solidariamente.

Posta nas favelas das grandes cidades ou em vilas detritárias que só comportam velhos, crianças e desempregados, esta população se urbanizou conservando-se rurícola. Sua cultura tradicional, não sendo desempenhável ali, não pode ser transmitida aos filhos. Estes, não tendo também escolas apropriadas onde aprendam o modo urbano de viver, caem na marginalidade e se formam é na delinquência. O que se pode esperar disso senão uma futura guerra das forças armadas contra delinquentes juvenis em nações onde as massas marginalizadas se contam por centenas de milhões como na América Latina e em todo o Terceiro Mundo?

Estas populações desculturadas de sua cultura original e não introduzidas na nova cultura urbana e letrada são bombardeadas por prodigiosos sistemas de comunicação de massa. O rádio e a televisão, operando frenéticos, as chamam insistentemente a um consumo que não está ao seu alcance e a um erotismo que só podem exercer pela violência. Para onde vamos?

Na Europa mais prósperas situações semelhantes são vividas pelas massas de milhões de trabalhadores estrangeiros instalados com suas famílias em diversos países, oriundos de zonas rurais de Portugal, da Espanha, da Turquia etc. Esta gente, que só interessava aos que a importaram como mão de obra barata, foi urbanizada, desenraizada do seu arcaico mundo nativo e culturalmente refeita. Hoje essas pessoas constituem novas minorias étnicas emergentes. Por agora, lutam no plano sindical por direitos iguais aos dos trabalhadores nacionais. Amanhã, convencidas de que não poderão, não saberão, nem quererão retornar a seus países de origem, vão lutar é pela cidadania e pela igualdade cívica.

REVOLUÇÕES CULTURAIS

Cumpre, finalmente, focalizar os desafios culturais que decorrem mais diretamente da revolução tecnológica, vale dizer, da introdução maciça no após-guerra, de inovações técnicas de base científica na produção, na guerra, na administração, na comunicação e na informação. Nunca o mundo dos homens experimentou transformações tão radicais em tão curto prazo. Tão grande que afetaram tudo: as noções de tempo e de espaço, os modos de ser homem e mulher ou criança, jovem e velho, as rotinas de exercício de todas as profissões, os estilos de ação social, política, religiosa, intelectual. Tudo.

Algumas dessas mudanças se concatenam em linhas discerníveis que potencializam as tensões já referidas e provocam outras. Em certos casos elas se configuram como movimentos sociais de vigor crescente, destinados a provocar novas transformações radicais. Em outros casos, desencadeiam verdadeiras revoluções culturais de potencial tão tremendo que seguramente darão nascimento a uma nova civilização.

Está no primeiro caso, por exemplo, o *movimento verde*, como expressão social da consciência que se generalizou sobre o caráter catastrófico do sistema produtivo atual. De repente se tornou visível para todos que os homens estão destruindo seu próprio nicho habitacional. Consomem-se aceleradamente bens escassos sem os quais a civilização ficaria paralisada. Destroem-se na produção as bases mesmas da produtividade.

O pasmo diante dessas evidências desencadeou as campanhas ecológicas que pretendem fazer frente à aparentemente inelutável propensão corruptora da economia mundial moderna. É evidente, entretanto, a desproporção entre aquelas forças destrutivas e as fracas mãos que se alçam contra elas.

Enquanto as florestas são destruídas pelo fogo e pelos desfolhantes para fazer lenha ou plantar capim, e as águas são poluídas e a vida animal é envenenada e morta, uns rapazes românticos fazem passeatas e, depois, dormem tranquilos. Todos nós começamos a conceber como será cinzento o mundo dos filhos de nossos netos: cinzento e tóxico, irrespirável. Tememos que eles próprios – nossos netos – sejam esverdeados e mais parecidos com rãs do que com crianças. Mas somos ou nos declaramos impotentes. Países há – como o meu – cujos dirigentes até pedem fábricas corruptoras, porque amam mais a pecúnia do que a vida.

Bem sabemos que o homem é uma espécie de bolor feroz que deu no mundo. Acabou com milhões de plantas para só deixar nascer pastos de bois e comidas de gentes, liquidou quase todas os milhares de espécies de animais, trocando-as por galinhas e bodes. Sim, esta é a nossa tradição. O novo é que, agora, frente à visão do desastre iminente, começamos a suspirar por uns céus azuis de ares lavados. Queremos águas cristalinas, florestas virgens e bicharadas louçãs. O diabo é que por estes bens supremos apenas suspiramos no nível da poesia ou da prece. Enquanto isso, no mundo das coisas reais onde nosso destino é decidido, a ordem é corromper a vida até a morte.

Outro foco de mudanças que apenas começa a revelar suas imensas potencialidades transformadoras é o *movimento feminista*. O ingresso em massa das mulheres na força de trabalho urbano remunerado e a liberação de seus corpos – através da pílula – para um erotismo novo e florescente são uma das principais forças inovadoras deste fim de milênio.

Entre uma mulher jovem e sua mãe, hoje, a distância cultural é comparável à de mulheres de distintas civilizações. Seus corpos de valores se chocam francamente. Seus hábitos e estilos de conduta contrastam cruamente. Suas expectativas e aspirações se opõem escandalosamente. A nova mulher está reinventando a si mesma, bem como às instituições a quem esteve sempre atrelada, principalmente a família.

Também as formas de relação entre homens e mulheres e seus papéis recíprocos estão mudando aceleradamente. O pai de família patriarcal ou o antigo marido machista está dando lugar a companheiros mais fraternos e dóceis. Surge assim um novo jeito de ser macho a que os homens vão se conformando, gostem ou não gostem. Já é notório que os casais que encarnam o novo estilo encontram fontes de amor impensáveis na antiga relação assimétrica.

Homens e mulheres, ao mesmo tempo em que aprendem a se amar mutuamente de forma mais profunda e mais gozosa, tornam-se menos repressivos para com as minorias que têm talentos alternativos para outras formas de relação e satisfação. Mulheres se acasalam. Homens se emparelham. Mulheres se associam em casas comunais onde a presença eventual do homem é mais a de um amante que a de um marido.

Esta mulher nova que invadiu as fábricas e os escritórios, as universidades, as ruas e até os bares é uma pioneira em combate. Reclama por creches onde deixar os filhos enquanto trabalha. Revolta-se contra a exploração dos traficantes do aborto. Só não se livra da tirania da moda mercantilizada e da indústria estandardizada da beleza, a que paga pesado ônus.

Eclode hoje também um *movimento humano* relacionado com a *obsolescência* irremediável dos edificadores básicos da personalidade e com os ordenadores fundamentais da conduta humana. Nós que quase nada sabemos sobre eles – no máximo suspeitamos que existem e os designamos com expressões alegóricas como "complexo de Édipo" ou de "Electra" ou como "tabus de incesto" – estamos desafiados a refazê-los.

Tamanha é, entretanto, a nossa ignorância que não podemos passar sem estas alegorias para nos referirmos a alguns dos componentes mais vetustos da conduta humana. Suspeitamos que eles constituem mesmo atos inaugurais da construção da cultura, sem os quais uma sociedade humana não seria praticável. Assim é porque, inegavelmente, eles aí estão, espantosamente vivos e atuantes ainda que já se veja que começam a ser debilitados e talvez até estejam feridos de morte.

Aqueles complexos, lidos na singeleza do convívio da antiga família vienense de classe média – e que não são nem sequer generalizáveis a povos extraeuropeus, onde faltam até mesmo as posições polares em que eles se assentam – continuam, efetivamente, de referência útil, senão indispensável, na descrição da estrutura da personalidade e no diagnóstico de alguns de seus traumas habituais.

O mesmo sucede com o tabu do incesto, que parecendo ser tão só um veto ao intercurso sexual entre certas ordens de parentes – que, aliás, variam de uma sociedade a outra –, é de fato a lei fundamental que viabiliza a família e permite o florescimento da cultura. Com efeito, é ele que impõe a paz entre os machos do bando e que, compelindo os grupos a quebrarem o isolamento e se comunicarem entre si na busca de fêmeas fodíveis, propicia o intercâmbio cultural. É igualmente crassa a nossa ignorância sobre essa alegoria sem a qual a vida social é impensável. Mas que nós vemos debilitar debaixo de nossos olhos.

O inegável é que as sociedades humanas mais complexamente estruturadas perdem aceleradamente a singela capacidade que cada tribo ou aldeia tinha de fazer homens e mulheres contentes de ser isto mesmo, tementes a Deus e às autoridades. Perdem igualmente o talento de conviver se controlando e mexericando, mas se apoiando reciprocamente. Perdem até o gosto de viver com os próprios desejos e ascos, sem necessidade de drogas tranquilizantes e dopantes, nem de psicanalistas.

É notório que aqueles instrumentos da sociabilidade humana, com base nos quais a vida societária se tornou viável, estão ameaçados de ser desativados para dar lugar a outros meios de estruturação da família, da sociedade e da personalidade. Estamos desafiados a substituí-los por recursos ainda mais artificiais e intencionais de modelação da sociedade. Quais?

É verdade que não foi nenhum desastre, no passado, o homem abandonar a coleta de frutos, onde o acaso da natureza os fez crescer, substituindo-os por cultivos. Também só foi vantajoso trocar a caça errática pela criação de animais. Agora, porém, se trata de refazer a própria condição humana, de reinventar o próprio homem como projeto, de programar nossos netos. Seremos capazes?

Conforme se verifica, estamos diante nada menos que de uma *revolução humana*, ou seja, de ter que dar um novo passo crucial na evolução da espécie no curso do último milhão de anos. Com ele se coroa ou se esboroa a desventurada aventura, através da qual nós construímos a nós mesmos por meio de três passos essenciais, cada um dos quais representou uma alienação total em que o homem perdeu seu ser, seguida de uma desalienação em que se refez, transfigurando-se completamente.

Através da primeira alienação, nos desatrelamos da cômoda segurança da sabedoria biológica escrita nos cromossomos para depender de formas inventadas, artificiais, de conduta: nascia a cultura.

No segundo movimento de alienação, íntegros homens tribais, sendo avassalados, perderam seu ser, sua liberdade, sua autenticidade, ao se verem coisificados como uma mera força de trabalho escrava, serva ou assalariada, posta a serviço da riqueza ou da glória de outros: nascia a estratificação social, a sociedade de classes e com elas a civilização.

A terceira alienação, de que somos os protagonistas, transcorre hoje. O homem residual que somos, produto de suas próprias desventuras históricas, é desafiado a reinventar a si mesmo. Que é o que está nascendo? É muito difícil prever. Mais difícil ainda do que foi prefigurar no curso da primeira Revolução Industrial como seríamos nós, os netos que ela estava gerando. Será um mundo de paz?

O *movimento pacifista*, ainda débil, tem potencialidades imensas porque se assenta na consciência generalizada de que uma nova guerra seria a última guerra. É muito provável, porém, que a ameaça aterrorizadora dessa guerra terminal seja menor do que a ameaça de uma paz definitiva. Uma nova guerra mundial ou mesmo uma guerra local com um uso pleno das armas disponíveis seria, provavelmente, a última guerra. O poder de destruição física, de corrupção genética e de alucinação psíquica, tanto das armas nucleares, como das químicas e das biológicas, ameaça encerrar a aventura humana.

O espantoso é que diante de uma ameaça tão terrível e tão iminente, a humanidade seja tão incapaz de autodefesa. As organizações internacionais, as igrejas ecumênicas, as instituições que agrupam intelectuais, os movimentos pacifistas parecem todos ridiculamente débeis diante do poderio dos senhores da guerra. Acho até que as campanhas pacifistas com que se procurou evitar a primeira e a segunda guerras mundiais foram mais vigorosas que as atuais, dado o vulto das ameaças que se enfrentavam. Por quê?

A propensão para a guerra terminal, que parece torná-la iminente e inevitável, decorre tanto de fatores políticos como econômicos muito mais poderosos que as correntes de opinião que incentivam os movimentos pacifistas. Quase todos acham que virá essa terceira guerra, que será a Guerra do Fim do Mundo, porém, todos sabemos que ela exterminará a espécie humana ou a deformará irremediavelmente, mas nosso sentimento é menos de revolta ativa do que de impotência.

Essa passividade só se explica pelo fato de que uma paz duradoura – e pior ainda, uma paz definitiva – é vista como mais desastrosa do que uma guerra para muitos dos condutores dos centros mundiais de decisão. Aqui, outra vez, fatores econômicos concernentes à viabilidade dos sistemas produtivos e fatores políticos relativos à afirmação de hegemonias continentais se conjugam para manipular o destino humano para além das raias da racionalidade.

O medo da paz une os senhores da guerra e os senhores do lucro em sua perplexidade insensata. Como montar um mundo de paz? Proscritas as armas terminais por seu poderio fatal, voltaríamos às guerras convencionais, sem a bomba? Ou teremos mesmo de viver em paz? Se guerrearmos à moda antiga, a grande potência, de imediato, seria talvez a China por sua capacidade de armar e de gastar quaisquer centenas de milhões de soldados. Até o Terceiro Mundo passaria talvez a ter algum valor estratégico por sua capacidade de conscrever enormes exércitos desgastáveis. Com que consequências? Uma hipótese menos feia e mais provável é a de guerras automáticas, feitas entre superartefatos cibernéticos autoguiados. Através deles, as grandes potências manteriam a paz entre elas, mediante o poder de represália e, simultaneamente, consolidariam sua hegemonia sobre o mundo subdesenvolvido. Seria uma nova e tétrica *Pax romana*.

IRRACIONALIDADE ECONÔMICA

Chegamos assim ao outro motor de transformações radicais. Com efeito, a economia mundial entrou em paranoia; já não produz para o homem, produz para si própria. Tanto por suas qualidades essenciais, que são a prodigiosa produtividade e a inelutável propensão guerreira, como por sua consequência funcional, que é a incapacidade de implantar uma prosperidade generalizável a todos, a economia mundial – cuja racionalidade nunca foi humanitária – entrou em demência. Com efeito, nunca foi tão grande e crescente a prosperidade dos ricos e a pobreza dos pobres. Nunca as relações internacionais de intercâmbio foram tão desequilibradas e deformadas. Os povos pobres continuam subsidiando a riqueza dos povos ricos e se endividando astronomicamente.

No limite desta tendência, se nela persistimos, teremos fabulosas empresas, totalmente automatizadas, esgotando os bens da Terra para produzir quantidades e variedades imensas de inutilidades: para nada! Os homens, a humanidade inteira, de braços cruzados, serão um inútil exército de reserva das forças produtivas, morrendo de fome.

No passado, sempre foi enorme a carência de mão de obra, sobretudo no mundo dos pobres. Para atendê-las desgastaram-se no trabalho centenas de milhões de nativos e depois se importaram outros tantos como escravos e assalariados, negros e brancos. Hoje, o único fator de produção que não escasseia é a mão de obra. Aí está ela, multitudinária, se oferecendo por toda parte em troca de salários mais vis. E ninguém quer.

Nessas circunstâncias um outro desafio que se levanta e se destaca entre tantos, por sua potencialidade, é a ameaça da *revolução dos pobres*.[6] O socialismo que Marx prescreveu para os povos ricos, como coroamento e superação do capitalismo maduro, não medrou. Surgiu foi na casa dos pobres, onde o capitalismo fracassou. E surgiu para promover o desenvolvimento, alcançando neste campo um êxito nada menos que extraordinário.

O capitalismo, por sua vez, reativado pelas empresas multinacionais com sua capacidade prodigiosa de inovação tecnológica e de exploração de recursos onde quer que eles se ofereçam, renova e reforça os vínculos de dependência dos povos pobres, tornando-os mais submissos e lucrativos que as antigas colônias.

A sua debilidade reside na incapacidade das empresas multinacionais de promover a abundância, porque ela não é conciliável com o lucro. Isto é o que tende a tornar o socialismo do atraso uma atração irresistível para o Terceiro Mundo, onde povos que somam bilhões de almas com bocas vorazes aspiram por uma pequena e modesta utopia inalcançável.

O que pedem não é mais do que um emprego regular e modesto para cada homem e cada mulher adultos. É que todos comam todo dia. É que cada criança frequente uma escola eficaz para um curso primário completo. E que, nas doenças mais graves, se conte com um médico e com remédios gratuitos. É, afinal, que uma casa modesta abrigue cada família. Não há, porém, qualquer dúvida de que esta utopia singela excede a tudo o que pode prometer à humanidade a economia mundial vigente. A continuar rodando pelos mesmos trilhos em que estamos, a situação dos povos pobres só tende a se agravar. Com que consequências?

É certo, todos sabemos, que o pauperismo não faz revoluções sociais. Tanto mais porque ao poderio econômico das empresas multinacionais já corresponde um poder multinacional capacitado para desestabilizar governos e implantar ditaduras onde quer que seus interesses sejam ameaçados. Conforme vimos, isto é o que sucede, hoje, na América Latina, cuja nova safra de ditaduras regressivas e repressivas foi implantada por este poder multinacional, mancomunado com as velhas classes dominantes nativas.

---

6. *O dilema da América Latina*. Rio, 1971, Vozes; México, 1971, Siglo XXI; Milão, 1973, Saggiatore.

A maior ameaça que pesa hoje sobre a humanidade – ameaça que, felizmente, não é fatal nem inevitável – é, pois, a de mergulhar mais ainda na penúria até a exaustão, numa era de fome e estupidificação. Tudo isto apenas para que os povos ricos fruam a riqueza acumulada e reativem uma civilização obsoleta, sem causa, sem missão nem apetite senão o de enricar. Sua última grandeza será a de endurecer os corações e tapar os ouvidos para assistir, impávida, à humanidade morrer de fome.

Estas são, a meu ver, algumas das questões cruciais que a *civilização emergente* coloca diante do homem. Como as resolverá eu não sei. Sei apenas que a vida dos povos pobres será uma árdua e bela batalha por ideais muito concretos. Aqui, na calota de baixo do planeta, ninguém engordará inútil, nem se suicidará de tédio.

VIDA E OBRA DE DARCY RIBEIRO

1922

Nasce na cidade de Montes Claros, Estado de Minas Gerais, a 26 de outubro, filho de Reginaldo Ribeiro dos Santos e de Josefina Augusta da Silveira Ribeiro.

1939

Começa a cursar a Faculdade de Medicina de Belo Horizonte. Nesse período, inicia a militância pelo Partido Comunista do Brasil (PCB), do qual se afastaria nos anos seguintes.

1942

Recebe uma bolsa de estudos para estudar na Escola de Sociologia e Política de São Paulo. Deixa o curso de Medicina e segue para a capital paulista.

1946

Licencia-se em Ciências Sociais pela Escola de Sociologia e Política de São Paulo, especializando-se em Etnologia, sob a orientação de Herbert Baldus.

1947

Ingressa no Serviço de Proteção aos Índios, onde conhece e colabora com Cândido Mariano da Silva Rondon, o Marechal Rondon, então presidente do Conselho Nacional de Proteção aos Índios. Realiza estudos etnológicos de campo entre 1947 e 1956, principalmente com os índios Kadiwéu, do Estado de Mato Grosso, Kaapor, da Amazônia, diversas tribos do Alto Xingu, no Brasil Central, bem como entre os Karajá, da Ilha do Bananal, em Tocantins, e os Kaingang e Xokleng, dos Estados do Paraná e Santa Catarina, respectivamente.

1948

Em maio, casa-se com a romena Berta Gleizer.

Publica o ensaio "Sistema familial Kadiwéu".

1950

Publica *Religião e mitologia Kadiwéu*.

1951

Publica os ensaios "Arte Kadiwéu", "Notícia dos Ofaié-Xavante" e "Atividades científicas da Secção de Estudos do Serviço de Proteção aos Índios".

1953

Assume a direção da Seção de Estudos do Serviço de Proteção aos Índios.

1954

Organiza o Museu do Índio, no Rio de Janeiro (rua Mata Machado, s/nº), que dirige até 1957. Ao lado dos irmãos Orlando e Cláudio Villas-Bôas, elabora o plano de criação do Parque Indígena do Xingu, no Brasil Central. Escreve o capítulo referente à educação e à integração das populações indígenas da Amazônia na sociedade nacional, da Superintendência do Plano de Valorização Econômica da Amazônia (SPVEA).

Publica o ensaio "Os índios Urubu".

1955

Organiza e dirige o primeiro curso de pós-graduação em Antropologia Cultural no Brasil para a formação de pesquisadores (1955/1956). Sob sua orientação, o Museu do Índio produz diversos documentários sobre a vida dos índios Kaapor, Bororo e do Xingu. Assume a cadeira de Etnografia Brasileira e Língua da Faculdade de Filosofia, Ciências e Letras da Universidade do Brasil, no Rio de Janeiro, função que exerce como professor contratado (1955/1956) e como regente da cátedra (1957/1961). Licenciado em 1962, é exonerado em 1964, com a cassação dos seus direitos políticos pela ditadura militar, e retorna à universidade somente em 1980, já com o nome de Universidade Federal do Rio de Janeiro (UFRJ). Por incumbência do Departamento de Ciências Sociais da Unesco, realiza um estudo de campo e de gabinete sobre o processo de integração das populações indígenas no Brasil moderno.

Publica o ensaio "The Museum of the Indian".

1956

Realiza estudos sobre os problemas de integração das populações indígenas no Brasil para a Organização Internacional do Trabalho (OIT).

Publica o ensaio "Convívio e contaminação: defeitos dissociativos da população provocada por epidemias em grupos indígenas".

1957

É nomeado diretor da Divisão de Estudos Sociais do Centro Brasileiro de Pesquisas Educacionais (1957/1959) do Ministério da Educação e Cultura (MEC).

Publica os ensaios "Culturas e línguas indígenas do Brasil" e "Uirá vai ao encontro de Maíra: as experiências de um índio que saiu à procura de Deus" e o livro *Arte plumária dos índios Kaapor* (coautoria de Berta Ribeiro).

1958

Empreende um programa de pesquisas sociológicas, antropológicas e educacionais destinado a estudar catorze comunidades brasileiras representativas da vida provinciana e urbana nas principais regiões do país. É eleito presidente da Associação Brasileira de Antropologia, exercendo o cargo entre os anos de 1958 e 1960.

Publica os ensaios "Cândido Mariano da Silva Rondon", "O indigenista Rondon" e "O programa de pesquisas em cidades-laboratório".

1959

Participa, com Anísio Teixeira, da campanha de difusão da escola pública frente ao Congresso Nacional, que elaborava a Lei de Diretrizes e Bases da Educação Nacional.

Publica o ensaio "A obra indigenista de Rondon".

1960

É encarregado pelo governo Juscelino Kubitschek de coordenar o planejamento da Universidade de Brasília (UnB). Organiza, para isso, uma equipe de uma centena de cientistas e pensadores.

Publica os ensaios "Anísio Teixeira, pensador e homem de ação", "A universidade e a nação", "A Universidade de Brasília" e "Un concepto de integración social".

1961

É nomeado diretor da Comissão de Estudos de Estruturação da Universidade de Brasília por Jânio Quadros.

1962

Toma posse como o primeiro reitor da Universidade de Brasília, cargo que exerce até 1963. É eleito presidente do Centro Brasileiro de Pesquisas Físicas. Assume como ministro da Educação e Cultura do Gabinete Parlamentarista do primeiro-ministro Hermes Lima.

Publica o ensaio "A política indigenista brasileira".

1963

Exerce a chefia da Casa Civil do presidente João Goulart, até 31 de março de 1964, quando se exila no Uruguai devido ao golpe militar.

1964

Exerce, até setembro de 1968, o cargo de professor de Antropologia em regime de dedicação exclusiva da Faculdade de Humanidades e Ciências da Universidade da República Oriental do Uruguai.

1965

Publica o ensaio "La universidad latinoamericana y el desarrollo social".

1967

Dirige o Seminário sobre Estruturas Universitárias, organizado pela Comissão de Cultura da Universidade da República Oriental do Uruguai.

Publica o livro A universidade necessária.

1968

Recebe o título de Doutor Honoris Causa pela Universidade da República Oriental do Uruguai. Retorna ao Brasil em setembro por ter sido anulado, pelo Supremo Tribunal Militar, o processo que lhe havia sido imposto pelo tribunal militar. Com o Ato Institucional nº 5 do regime militar brasileiro, é preso em 13 de dezembro.

Publica os ensaios "La universidad latinoamericana" e "Política de desarrollo autónomo de la universidad" e o livro *O processo civilizatório: etapas da evolução sociocultural* (Série Estudos de Antropologia da Civilização).

1969

Julgado por um tribunal militar, é absolvido por unanimidade a 18 de setembro, em sentença confirmada pelo Superior Tribunal Militar. É aconselhado a retirar-se novamente do país. Fixa-se em Caracas, sendo então contratado pela Universidade Central da Venezuela para dirigir um seminário interdisciplinar de Ciências Humanas, destinado a professores universitários e estudantes pós-graduados, e para coordenar um grupo de trabalho dedicado a estudar a renovação da Universidade.

A revista *Current Anthropology* promove um debate internacional sobre seu livro *The Civilizational Process* e seu ensaio "Culture-Historical Configurations of the American People".

1970

Participa do 39º Congresso Internacional de Americanistas, realizado em Lima, Peru, em agosto, como coordenador do seminário Formação e Processo das Sociedades Americanas, no qual apresenta o trabalho "Configurações Histórico-Culturais dos Povos Americanos", que publicaria no mesmo ano. Conclui seus estudos dos sistemas universitários, publicados em *La universidad latinoamericana*. A convite da Universidade Nacional da Colômbia, integra, em setembro, um grupo de peritos em problemas universitários que realiza um seminário em Bogotá para debater os aspectos acadêmicos da universidade: políticas, programas, estrutura.

Publica os livros *Propuestas acerca de la renovación* e *Os índios e a civilização: a integração das populações indígenas no Brasil moderno* (Série Estudos de Antropologia da Civilização).

1971

Prepara, a pedido da Divisão de Estudos das Culturas da Unesco, a introdução geral à obra *América Latina em sua arquitetura*. Participa de um congresso sobre o problema indígena, realizado em Barbados, sob os auspícios do Conselho Mundial de Igrejas, e colabora como um dos redatores da Declaração de Barbados sobre etnocídio dos índios. Participa do Colóquio Internacional sobre o Ensino das Ciências Sociais, realizado em Argel, apresentando trabalho em colaboração com Heron de Alencar. Em julho, convidado pelo Atheneo de Caracas, ministra uma série de seis palestras sobre Teoria da Cultura, resumidas em quatro conferências na Universidade de Los Andes, Mérida, Venezuela.

Publica o livro *O dilema da América Latina: estruturas de poder e forças insurgentes* (Série Estudos de Antropologia da Civilização).

1972

Em janeiro, com Oscar Varsavsky, Amílcar Herrera e um grupo de educadores do Conselho Nacional da Universidade Peruana, prepara um plano de reestruturação do sistema universitário peruano. Participa da II Conferência Latino-Americana de Difusão Cultural e Extensão Universitária, promovida em fevereiro, no México, pela União das Universidades Latino-Americanas (Udual), apresentando o trabalho "¿Qué integración latinoamericana?". Em abril, volta a Lima para reunião do Conselho Nacional da Universidade Peruana (Conup) e escreve, em seguida, o estudo "La universidad peruana". Radica-se em Lima, Peru, onde planeja, organiza e passa a dirigir o Centro de Estudos de Participação Popular, financiado pelo Programa das Nações Unidas para o Desenvolvimento (Pnud), pela Organização Internacional do Trabalho (OIT) e por sua contraparte peruana, o Sistema Nacional de Mobilização Social (Sinamos). Por solicitação do Ministério de Educação e Pesquisa Científica da República da Argélia, elabora o projeto de estruturação da Universidade de Ciências Humanas de Argel, que conta com um projeto arquitetônico de Oscar Niemeyer. Entre junho e julho, assina, em Genebra, um contrato com a OIT para dirigir o projeto *Pnud-OIT Per 71.550*. Posteriormente, segue para Belgrado, Paris e Madri para visitar e estudar cooperativas e sistemas de participação. Em setembro é contratado como professor visitante do Instituto de Estudos Internacionais da Universidade do Chile e fixa residência em Santiago.

Publica os ensaios "Civilización y criatividad" e "¿Qué integración latino-americana?" e o livro *Os brasileiros: teoria do Brasil*.

1973

Viaja ao Equador para participar de um programa de estudos do Centro Nacional do Planejamento e de seminários nas universidades.

Publica o ensaio "Etnicidade, indigenato e campesinato" e o livro *La universidad nueva, un proyecto*.

1974

Participa, em agosto, do 41º Congresso Internacional de Americanistas, realizado no México, dirigindo um seminário sobre o problema indígena. Em outubro, participa do Ciclo de Conferências nas Universidades do Porto, de Lisboa e de Coimbra, sobre reforma universitária. Em dezembro, regressa ao Brasil para tratamento médico, pondo fim ao seu exílio político.

Separa-se de Berta Ribeiro.

Publica o ensaio "Rethinking the University" e os livros *Uirá sai à procura de Deus: ensaios de etnologia e indigenismo* e *La universidad peruana*.

1975

Reassume, em junho, a direção do Centro de Estudos de Participação Popular, em Lima.

Em outubro, participa da comissão organizada pelo Pnud para planejar a Universidade do Terceiro Mundo, no México.

Publica o ensaio "Tipologia política latino-americana" e o livro *Configurações histórico-culturais dos povos americanos*.

1976

Participa do Seminário de Integração Étnica do Congresso Internacional de Ciências Humanas na Ásia, África e América, organizado pelo Colégio do México e realizado na Cidade do México, em agosto. Preside um simpósio sobre o problema indígena, realizado em Paris, em setembro, pelo Congresso Internacional de Americanistas.

Em outubro, regressa definitivamente ao Brasil.

Publica o ensaio "Os protagonistas do drama indígena" e o livro *Maíra*, seu primeiro romance.

1977

Participa de conferências no México e em Portugal.

1978

Participa da campanha contra a falsa emancipação dos índios, pretendida pela ditadura militar brasileira.

Casa-se com Claudia Zarvos.

Publica o livro *UnB: invenção e descaminho*.

1979

Recebe, em 13 de maio, na Sorbonne, o título de Doutor *Honoris Causa* pela Universidade de Paris IV. A coleção "Voz Viva de América Latina", da Universidade Nacional Autônoma do México (Unam), lança um disco de Darcy Ribeiro apresentado por Guillermo Bonfil Batalla. No disco, Darcy recita trechos de seu livro *Maíra*.

Publica o livro *Sobre o óbvio: ensaios insólitos*.

1980

Anistiado, retorna ao cargo de professor titular do Instituto de Filosofia e Ciências Sociais da Universidade Federal do Rio de Janeiro. Participa como membro do júri do 4º Tribunal Russell, que se reuniu em Roterdã, na Holanda, para julgar os crimes contra as populações indígenas das Américas. Integra a Comissão de Educadores convocada pela Unesco e que se reuniu em Paris, em novembro de 1980, para definir as linhas de desenvolvimento futuro da educação no mundo. A revista *Civilização Brasileira*, em seu volume 19, publica uma entrevista com Darcy Ribeiro sob o título: "Darcy Ribeiro fala sobre pós-graduação no Brasil". É eleito membro do Conselho Diretor da Faculdade Latino-Americana de Ciências Sociais (FLACSO).

1981

Participa como membro da Diretoria da 1ª Reunião do Instituto Latino-
-Americano de Estudos Transnacionais (Ilet).

Publica o romance *O Mulo*.

1982

Participa do Seminário de Estudos da Amazônia da Universidade da Flórida
(fevereiro/março). Visita São Francisco e Filadélfia. É recebido na Universidade de Columbia e participa da reunião da Latin American Studies Associa-
tion (Lasa), em Washington. Participa, em abril, do ciclo de conferências na
Universidade de Madri.

É eleito vice-governador do Estado do Rio de Janeiro.

Publica o ensaio "A nação latino-americana" e o romance *Utopia selvagem*.

1983

Participa dos Rencontres Internationales de la Sorbonne: Création e
Développement.

Assume as funções de secretário de Estado da Secretaria Extraordinária de
Ciência e Cultura e de chanceler da Universidade do Estado do Rio de Janeiro.

1984

Como secretário extraordinário de Ciência e Cultura:

1) Planeja e coordena a construção do Sambódromo.

2) Constrói a Biblioteca Pública Estadual do Rio de Janeiro, organizada
como um centro de difusão cultural baseado tanto no livro como nos modernos recursos audiovisuais, destinado a coordenar a organização e o funcionamento das bibliotecas dos Centros Integrados de Educação Pública
(Ciep).

3) Organiza o Centro Infantil de Cultura do Rio, como modelo integrado de
animação cultural, aberto a centenas de crianças.

4) Reedita a *Revista do Brasil*.

Publica o ensaio "La civilización emergente" e o livro *Nossa escola é uma calamidade*.

1985

Coordena o planejamento da reforma educacional do Rio de Janeiro e põe em funcionamento:

1) uma fábrica de escolas, destinada a construir mil unidades escolares de pequeno e médio porte;

2) a edificação de 300 Ciep para assegurar a educação, em horário integral, de 300 mil crianças.

Organiza, no antigo prédio da Alfândega, o Museu França-Brasil (atualmente Casa França-Brasil), com a colaboração do Ministro da Cultura da França, Jack Lang.

Publica o livro *Aos trancos e barrancos*.

1986

Darcy licencia-se dos cargos de vice-governador e secretário de Estado para concorrer ao pleito fluminense. Deixa para o Estado do Rio de Janeiro vários legados, como o Monumento a Zumbi dos Palmares, a Casa de Cultura Laura Alvim, o Restauro da Fazenda Colubandê, em São Gonçalo, e 40 atos de tombamento, incluindo 150 bens imóveis, com destaque para a Casa da Flor, a Fundição Progresso, os bondes de Santa Teresa, quilômetros de praias do litoral fluminense, a praia de Grumari, as dunas de Cabo Frio, diversos coretos públicos, a Pedra do Sal e o sítio de Santo Antônio da Bica, de Antônio Burle Marx. Cria a Casa Comunitária, um novo modelo de atendimento para milhares de crianças pobres.

Edita, com Berta Ribeiro, o livro *Suma etnológica brasileira*, em três volumes.

Reintegra-se ao corpo de pesquisadores do CNPq, para retomar e concluir seus Estudos de Antropologia da Civilização.

Publica os livros *América Latina: a pátria grande* e *O livro dos CIEP*.

1987

Assume o cargo de secretário de Estado da Secretaria de Desenvolvimento Social no Estado de Minas Gerais, para programar uma reforma educacional.

A convite da Universidade de Maryland (EUA), participa de um ciclo de debates sobre a realidade brasileira. Elabora a programação cultural do Memorial da América Latina, a convite do então governador de São Paulo, Orestes Quércia.

1988

Profere conferências em Munique, Paris e Roma. Comparece à reunião anual da Tribuna Socialista em Belgrado e visita Sarajevo. Viaja a Cuba, México, Guatemala, Peru, Equador e Argentina para selecionar obras de arte para constituir o futuro acervo do Memorial da América Latina.

Publica o romance *Migo*.

1989

Como parte da campanha de Leonel Brizola à presidência da República do Brasil, coordena, nas capitais do país, a realização do Fórum Nacional de Debates dos Problemas Brasileiros. Participa, em Caracas, do Foro de Reforma do Estado, onde fala das Dez Mentiras sobre a América Latina. É reincorporado ao corpo docente da Universidade de Brasília, por ato ministerial proposto pela universidade. Comparece, como convidado especial, ao ato de posse do presidente Carlos Andrés Pérez, da Venezuela. Participa das jornadas de reflexão sobre a América Latina.

Publica o ensaio "El hombre latinoamericano 500 años después".

1990

Participa de debates internacionais na Alemanha (sobre intercâmbio cultural Norte-Sul) e na França (sobre a Amazônia e a defesa das populações indígenas). Integra o Encontro de Ensaístas Latino-Americanos, realizado em Buenos Aires. É eleito senador pelo Estado do Rio de Janeiro, nas mesmas eleições que reconduziram Leonel Brizola ao governo do Estado do Rio de Janeiro.

Publica o ensaio "A pacificação dos índios Urubu-Kaapor" e os livros *Testemunho* e *O Brasil como problema*.

1991

Licencia-se de seu mandato no Senado para assumir a Secretaria de Projetos Especiais de Educação do Governo Brizola, com a missão de promover a retomada da implantação dos Ciep (ao todo, foram inaugurados 501).

1992

É eleito membro da Academia Brasileira de Letras, ocupando a cadeira de nº 11. Elabora e inaugura a Universidade Estadual do Norte Fluminense, em Campos dos Goytacazes.

Publica os ensaios "Tiradentes estadista" e "Universidade do terceiro milênio: plano orientador da Universidade Estadual do Norte Fluminense" e o livro *A fundação do Brasil, 1500/1700* (em colaboração com Carlos de Araújo Moreira Neto).

1994

Concorre, ao lado de Leonel Brizola, à Presidência da República.

É internado em estado grave no Hospital Samaritano do Rio de Janeiro.

Publica o ensaio "Tiradentes".

1995

Deixa o hospital e segue para sua casa em Maricá, no intuito de concluir a série Estudos de Antropologia da Civilização, o que acaba por conseguir com a obra *O povo brasileiro: a formação e o sentido do Brasil*. Publica também o livro *Noções de coisas* (com ilustrações de Ziraldo).

1996

Assina uma coluna semanal no jornal *Folha de S.Paulo*. Retoma sua cadeira no Senado e concentra suas atividades na aprovação da Lei nº 9.394/1996 (Lei de Diretrizes e Bases da Educação Nacional – Lei Darcy Ribeiro). Recebe o título de Doutor *Honoris Causa* da Universidade de Brasília. Recebe o Prêmio Interamericano de Educação Andrés Bello, concedido pela Organização dos Estados Americanos (OEA).

Publica os ensaios "Los indios y el Estado Nacional" e "Ethnicity and Civilization" (este com Mércio Gomes) e o livro *Diários índios: os Urubu-Kaapor*.

1997

Publica os livros *Gentidades, Mestiço é que é bom* e *Confissões*.

Falece, em 17 de fevereiro, na cidade de Brasília, no dia em que defenderia o seu Projeto Caboclo no Senado.

CONHEÇA TAMBÉM OUTRAS OBRAS DE DARCY RIBEIRO PELA GLOBAL EDITORA:

- As Américas e a Civilização
- O Brasil como problema
- Cândido Mariano da Silva Rondon
- Configurações histórico-culturais dos povos americanos
- Diálogos latino-americanos
- Os índios e a civilização
- Kadiwcéu
- Ensaios insólitos
- Maíra
- Migo
- O mulo
- O povo brasileiro
- Tempos de turbilhão
- Tiradentes
- Uirá sai à procura de Deus
- Utopia selvagem